LIDERAZGO ESENCIAL

Mapas del mundo para Marta

INFOVA
EDICIONES
Literatura de gestión

Gonzalo Martínez de Miguel

LIDERAZGO ESENCIAL

Mapas del mundo para Marta

INFOVA
EDICIONES
Literatura de gestión

Primera edición: noviembre de 2011

Edita: Infova Ediciones
Colección: Literatura de gestión
C/ Academos, 5B
28042 Madrid

Tel.: +34 91 320 28 36
Móvil: +34 648 11 90 80
Email: info@infovaediciones.es

ISBN: 978-84-615-4787-6
Depósito Legal: M. 44.569-2011

Corrección: Ana B. Ibáñez López.
Diseño de Portada: Vicente Cantelli.
Maquetación y diseño interior: Gianluca Pettenon.

Impresión: Fernández Ciudad, S. L.
Impreso en España / *Printed in Spain*

ÍNDICE

“Volar es el resultado
de una intensa pasión,
nunca de su práctica”

Rafael Pérez Estrada, *Antología*

Presentación

Estimado lector,

Este libro nació, en una primera versión, como una carta dirigida a mi ahijada Marta en su 18 cumpleaños. En ella compartía mi visión del mundo sobre una serie de temas que para mí son importantes para desenvolverse bien por la vida y que consideré que le podían apoyar en su transición de la juventud a la vida adulta. Con su mayoría de edad, Marta estudió arquitectura y ha empezado a enfrentarse ya a sus primeros retos profesionales. Ahora tiene 24 años.

Igual que ocurrió hace seis años, siento ahora el deseo de compartir con ella una serie de mapas para navegar por la vida de una manera efectiva. He revisado y completado aquellas primeras cartas para dar forma a este libro.

Durante más de 14 años he dirigido, junto con mi mujer y otros excelentes profesionales, el Instituto de Formación Avanzada (INFOVA). Desde su origen, INFOVA se ha dedicado a la formación de profesionales en habilidades de gestión y dirección. Fieles a la creencia de que el desarrollo personal y el desarrollo profesional son en el fondo el mismo proceso, hemos creado y utilizado con mucho éxito en el mundo de la empresa metodologías y reflexiones más propias hasta ahora del mundo del desarrollo personal.

Como explico más adelante, el auténtico liderazgo es primero interno. Desde ese lugar de liderazgo dirigimos nuestra vida en la empresa y fuera de ella. Los adornos externos del liderazgo son eso, símbolos, pero en ningún caso son la esencia del liderazgo.

Estos mapas recogen los mismos conceptos y principios de liderazgo esencial que hemos compartido y explicado en los cursos de INFOVA a miles de directivos de todas las nacionalidades, durante más de 14 años. En algunos casos, el nivel del discurso está rebajado para que una joven que se acaba de incorporar al mundo laboral lo pueda entender sin dificultad, pero en realidad no es tan distinto a lo que defendemos con los directivos. De hecho, frecuentemente nos encontramos con directivos jóvenes que apenas tienen un par de años más de los que tiene mi ahijada en este momento.

En los cursos de desarrollo directivo lanzamos preguntas a los participantes para provocar su reflexión, escuchamos sus respuestas y construimos a partir de ellas. Avanzamos con los participantes en el descubrimiento de los comportamientos y las creencias más efectivas para conseguir lo que nos proponemos.

Durante años hemos hecho preguntas esenciales a profesionales diferentes y hemos escuchado atentamente sus respuestas. Hemos defendido nuestra visión de mundo, la hemos ido mejorando con permanentes descubrimientos y la hemos sometido al juicio de cientos de personas muy cualificadas de diferentes partes del mundo. El resultado de una parte de esa reflexión se recoge en estas páginas.

Cuando escribí la primera versión de estos Mapas, mi deseo era que su lectura apoyase a Marta a quererse como es, mientras construye la mujer que quiere ser. Que la reflexión le animara a ser parte de la solución a un mundo más digno. Que le diera energía para atreverse a desear, a crear posibilidades para ella y desarrollar su potencial. Quería apoyarla a elegir la responsabilidad como un lugar desde el que vivir la vida con auténtica satisfacción. Deseaba, en definitiva, que liderara su vida en lo personal y en lo profesional.

Recordemos el humilde origen de la palabra latina *mappa* (= servilleta, pañuelo). Era el objeto cotidiano donde los antiguos dibujaban la representación de un amplio territorio a una escala pequeña, manejable.

Cuando le entregué el escrito a Marta, le pedí que no lo leyera de un tirón. Que leyese un Mapa, lo reflexionara, contrastara su nivel de acuerdo o desacuerdo con lo que había leído y en otro momento, otro día, revisase un segundo Mapa. Y así, a su ritmo, según su curiosidad, fuese completando la lectura.

Mi petición en este momento se extiende a ti, lector, que tienes ahora este libro en tus manos. Ojalá que encuentres claves que cuestionen, completen y, si es necesario, perfeccionen algunos de tus mapas del mundo y con ello dejes crecer tu liderazgo esencial.

Tampoco hace falta que leas los Mapas en el orden en que están presentados. Te invito a que vayas directamente a aquel que te interese investigar en cada momento.

Los tres primeros Mapas constituyen la base del liderazgo esencial. El primer Mapa, sobre las creencias, se refiere a nuestra mirada sobre el mundo. Cómo nuestras creencias filtran la realidad que percibimos y determinan nuestras conclusiones. El Mapa del carácter trata sobre cómo construimos el armazón básico de nuestros comportamientos y nuestra respuesta ante lo que nos acontece. El Mapa de la ambición dibuja los contornos de un poderoso motor del que disponemos para dirigir nuestra vida y alcanzar las metas que nos hemos fijado.

Los Mapas del Éxito, la Excelencia, la Responsabilidad, el Compromiso y el Respeto contienen información clave para una vida profesional satisfactoria a corto y largo plazo. Son muy útiles igualmente para el ámbito personal de cada uno de nosotros.

El último bloque de Mapas, referentes a las Comparaciones, la Felicidad, la Libertad y el amor, contienen datos para navegar por parajes esenciales de nuestras vidas. Por último, la conclusión hace una referencia a la importancia de darle un sentido a la vida.

La vida es un viaje que puede ser fascinante o anodino. Podemos convertir la vida en una experiencia llena de sentido o en un caminar más bien tonto y vacío. La vida es una gran oportunidad, un océano de posibilidades, donde nada es seguro, donde nada está garantizado. Sin duda, toda vida es potencialmente una aventura que puede ser gozosa y muchas veces resulta dolorosa. Es probable que una vida larga en el tiempo y en experiencias tenga alegrías y tristezas, éxitos y decepciones, aciertos y errores, luces y sombras. Cada uno de los elementos de esos binomios forma parte de la vida.

Navegamos por la vida con los recursos de todo tipo que atesoramos. Unos son heredados y otros muchos los hemos ido adquiriendo con el transcurrir de los años. He vivido en la creencia de que el resultado de nuestra vida depende esencialmente de nuestra pericia para pilotar la nave. Genéticamente somos herederos de unos seres que fueron capaces de sobrevivir en circunstancias muy adversas para que hoy estemos aquí. Somos el resultado de una selección muy exigente. En principio, sería razonable pensar que llegamos al mundo con todos los recursos internos necesarios para desenvolvernos en la vida de una forma efectiva.

He conocido excelentes navegantes vitales. También los he conocido muy torpes. Los primeros tienden a sentirse responsables de sus vidas y tratan de actuar con inteligencia, como si el resultado dependiera de ellos. Ponen mucho empeño en tomar buenas decisiones y en corregir si se equivocan. Los segundos, los torpes vitales, suelen quejarse de su mala suerte mientras encadenan una mala decisión tras otra. Los primeros están permanentemente aprendiendo. Los segundos, hace tiempo decidieron que sabían todo lo que necesitaban saber.

La vida es poliédrica. Tiene muchas caras. Lo que es cierto en una circunstancia puede no serlo en otra. Los seres humanos, a diferencia de los ordenadores, somos sistemas abiertos y, por tanto, nuestra respuesta no es predecible. Por todo ello, creo que dos afirmaciones sobre un mismo tema, aparentemente contradictorias, pueden ser ciertas. Las afirmaciones que se recogen en este libro buscan la efectividad desde un punto de vista amplio. En lo personal y en lo profesional, en el plano individual y en el colectivo. Buscan ser efectivas para el individuo, para la sociedad como sistema y para el planeta.

Un viaje siempre tiene más posibilidades cuando está bien preparado, cuando la información que recogen los mapas que utilizamos es acertada. La preparación no implica la ausencia de sorpresa, que siempre estará presente en cualquier viaje, ni la falta de aventura. Mi deseo es que estas notas cartográficas completen las que ya tienes y sean para ti un recurso valioso en tu travesía por la vida.

Tú, como yo, cartografías cada día la realidad. Tienes tus propios mapas, que redibujas a medida que la vida te va enseñando. Te invito a que leas con un lápiz a mano. Así podrás anotar, marcar, tachar y reescribir lo que consideres oportuno.

Puedes mejorar estos mapas con tu experiencia y tus certezas. Al final de cada capítulo hay un espacio en blanco para que añadas información que sea valiosa para ti. De esta manera, cuando revises la información, o le invites a la lectura a tus hijos, a tu pareja, a quien tú elijas, recibirá una cartografía más precisa desde tu punto de vista. Eso les ayudará a conocerte mejor y contribuirás a dejar un legado sobre el que los tuyos podrán seguir aprendiendo.

Con todo mi afecto.
Gonzalo Martínez de Miguel.
La Arena. Villacastín (Segovia), verano 2011.

Liderazgo Esencial

La esencia del liderazgo siempre es personal y siempre es interna.

El liderazgo esencial no es excluyente. Pretende diferenciar lo central de lo periférico. Lo básico de lo accesorio. Lo primordial de lo secundario. El adjetivo "esencial" se refiere a lo realmente decisivo y sustancial del liderazgo.

Liderar es el proceso por el cual las personas dan dirección e influyen en otros seres humanos, para que aporten lo mejor de sus capacidades en la búsqueda del objetivo marcado.

La capacidad para tomar decisiones, la visión estratégica, la habilidad para motivar equipos, la maestría para distribuir tareas y delegar funciones, la brillantez hablando en público, el arte para persuadir y convencer a otros, el conocimiento de las técnicas de negociación, el dominio de otras lenguas,... Nada de esto es la esencia del liderazgo. Todos ellos son atributos que acompañan a los líderes normalmente, son procesos que los líderes dominan, herramientas de dirección que deben conocer y practicar hasta generar hábitos. Son instrumentos de dirección disponibles en la caja de herramientas de quienes dirigen. En general, son habilidades fáciles de aprender si se le dedica el tiempo y la intención suficientes. No digo que sea fácil dominarlas, pero sí que es relativamente sencillo mejorar significativamente en ellas con el entrenamiento adecuado.

Todas esas cualidades son atributos externos del líder. La parte más visible en su puesta en escena cotidiana. Es la parte del iceberg que flota fuera del agua.

La esencia del liderazgo es más sutil, menos visible y probablemente más difícil de desarrollar. El liderazgo esencial reside en nuestro carácter, en la estructura ética de la persona, en nuestra vocación por dar ejemplo, por mantener un comportamiento coherente con los valores que hemos elegido.

El perfil esencial de quien dirige su vida, o influye poderosamente en la vida de otros, nos refiere a actitudes como la responsabilidad, la excelencia, la firmeza, el compromiso, el respeto, la integridad, la tenacidad, la equidad.

Goleman Boyatzis y Mckee[(1)], y yo con ellos, opinan que la conciencia de uno mismo constituye el fundamento esencial del liderazgo emocionalmente inteligente.

Son atributos del liderazgo esencial la capacidad para sobreponerse a la adversidad, el compromiso para crear espacios donde el amor y la felicidad sean posibles. También lo son la gestión del miedo y la incertidumbre, la actitud de búsqueda para darle un sentido a la vida, la vocación de sumar en la consecución del bien mayor y la colaboración, la generosidad y la gratitud. Así mismo, la capacidad para recuperarse de la adversidad; lo que llamamos resiliencia.

La esencia del liderazgo se apoya en una autoestima sólida. El liderazgo esencial nos habla de serenidad personal, de energía en la acción, de inconformismo ante la mediocridad, de respeto a la diversidad, de convicción y flexibilidad. Esas cualidades nos permiten liderar desde el ejemplo, desde la elección consciente de nuestras actitudes más efectivas en cada momento.

Un mejor conocimiento de nosotros mismos, de nuestros procesos internos, aumenta nuestra capacidad para reconocer los errores. Nos abre a aceptar la valoración de otros sobre nuestra acción y nos aporta la flexibilidad interna necesaria para cambiar el rumbo cuando obtenemos nueva información que nos advierte de nuestro error.

---

1 Daniel Goleman, Richard Boyatzis y Annie McKee. *El líder resonante crea más*. Editorial Plaza Janés. 2002.

El liderazgo siempre es primero interno. Desde ahí se proyecta fuera de mil maneras distintas. Una cosa es el liderazgo y otra cosa es su expresión.

Hay un liderazgo externo y uno interno. Las personas que apoyan su liderazgo en símbolos de poder externo suelen tener los pies de barro. Solo hay que ver cómo evoluciona la capacidad de influencia de algunas personas que han acumulado mucho poder cuando se ven desposeídos de él.

Es cierto que no deberíamos dejar dirigir equipos a personas que no sean excepcionales. Las personas excepcionales no lo son por lo bien que hablan en público o por su capacidad para tomar decisiones rápidamente. Lo son por su liderazgo esencial.

La base sobre la que se sujeta el andamiaje del liderazgo esencial se adquiere mucho antes de llegar a la universidad y muchísimo antes de llegar a las escuelas de negocios. La educación de nuestros hijos, el papel de los padres primero y de los profesores después, junto con todo el entorno del niño, es esencial para crear bases sólidas en este sentido.

Cuando nos hacemos adultos, el liderazgo se completa y se desarrolla, de una forma más consciente, a través de la reflexión y la vocación por seguir creciendo como personas. Nunca es demasiado tarde para seguir aprendiendo y creciendo.

Creo profundamente en la capacidad de elegir del ser humano. Ese poder de elección es lo que nos hace responsables de nuestro liderazgo. Sin duda, la química de nuestro cerebro y nuestra genética marca en nosotros tendencias de comportamiento. También lo hacen nuestra educación y el ambiente en el que nos movemos. Todo ello establece una predisposición a determinados tipos de comportamiento. Por eso, algunos hábitos son más fáciles para unas personas que para otras. Aun así, somos esencialmente libres para cambiar nuestra repuesta y elegir los caminos más efectivos. La carga genética y el entorno influyen en nuestra respuesta, pero solo nuestra elección la determina.

Si afirmáramos que el ser humano no tiene un poder significativo para elegir su respuesta ante lo que le ocurre, el "liderazgo esencial" de una persona se podría detectar y hasta calificar, pero no sería posible desarrollarlo.

No digo que sea fácil este desarrollo. Tampoco que todas las personas tengan un genuino interés en hacer crecer la esencia de su liderazgo. Afirmo que es posible hacerlo.

Para llevar a término cualquier cambio con éxito, se requiere claridad sobre el nuevo comportamiento dominante que estamos buscando, convicción en el deseo de cambiar y un esfuerzo, orientado al resultado, mantenido en el tiempo.

La mayoría de los estudios y teorías científicas que consulto al respecto refuerzan la idea de la libertad del ser humano para elegir sus respuestas. La ciencia nos está demostrando lo que ya sospechábamos: somos más libres y estamos menos determinados.

Es unánime entre los científicos destacar la plasticidad y, por tanto, la capacidad de cambio, de nuestro cerebro a todas las edades. Los estudios sobre la mielina, la sustancia que recubre las conexiones neuronales, indican que la repetición de un nuevo comportamiento mejora el aislamiento neuronal implicado en esa actividad y la calidad de la respuesta. Es posible, por ello, la consolidación de nuevos caminos neuronales creados por la repetición de conductas alternativas.

Los avances en el estudio de la resiliencia vienen a demostrar que la capacidad de reponerse a un periodo de dolor emocional profundo, lo que podríamos llamar "entereza", se puede desarrollar. Se puede aprender. Afirma Cyrulnik(2) que "no se es más o menos resiliente, como si se poseyera un catálogo de cualidades... La resiliencia es un proceso".

Por su parte, las teorías epigenéticas están demostrando que la propia carga genética del ser humano se activa de una forma o de otra, a lo largo de una vida, por mor del ambiente. Esto significa una revolución de las teorías genéticas clásicas. Hay genes que se expresan y otros que se inhiben. Siguiendo estas teorías podríamos concluir que, aunque no seríamos responsables de la estructura genética con la que nacemos, sí podemos actuar sobre la expresión del potencial genético que se produce durante nuestra vida. En definitiva, a

2 Boris Cyrulnik. *Los patitos feos*. Editorial Gedisa. 2002.

pesar de la genética, somos más libres de lo que pensábamos. El filósofo José Antonio Marina[3] afirma que la educación altera la expresión genética.

Las personas con desajustes hormonales o químicos severos que afecten a sus capacidades de elección o de percepción tienen, obviamente, este poder de elegir disminuido o incluso anulado. Pero ese no es el caso de la inmensa mayoría de nosotros, que sí somos responsables de nuestras elecciones.

La esencia del liderazgo se puede aprender, se puede desarrollar. Hacerlo es una decisión inteligente y efectiva. Usando las palabras de Seligman, las personas con un liderazgo esencial más sólido tienden a tener vidas más significativas y más plenas. En mi opinión, estas personas contribuyen a crear un mundo más digno. Son parte de la solución al mundo que querríamos ver.

La velocidad a la que vivimos muchos de nosotros nos cierra espacios para la reflexión. A pesar de ello, la necesidad del ser humano de avanzar y de completarse es inmensa. Es esa necesidad la que nos lleva en algunos momentos a detenernos, escuchar, valorar la información y corregir lo que sea necesario. Mientras la disposición a completarnos como seres humanos sea firme, terminaremos encontrando caminos para desarrollarnos y nuestro liderazgo esencial crecerá con nosotros.

3 José Antonio Marina. *La educación del talento*. Editorial Ariel. 2010 En la reflexión completa a la que me refiero, el autor cita como alteradores de la expresión genética, junto con la educación, a la experiencia y a la psicoterapia.

Comienza la aventura

La Chopera, Madrid,
24 de Marzo de 2009.

Querida Marta,

Irene y los niños se han ido al cine, me han dejado solo en casa con un poco de tiempo por delante y me he acordado que hace tiempo tengo una sorpresa para ti.

Ese mundo que tú ves no es la realidad. O, dicho de otra manera, la forma en la que percibes el mundo no se corresponde con la realidad. La forma en la que lo observas es sencillamente un punto de vista, tu particular punto de vista. Puedes estar tranquila, no pasa nada grave. Lo único preocupante es no darse cuenta de ello, pero ahora ya lo sabes. El mundo que tú ves es el mundo a través de tu percepción, de tus prejuicios, de tus creencias y de tus experiencias.

Tendemos a creer que el mundo es tal y como se nos representa y nos parece que los que ven algo distinto a lo que nosotros vemos están equivocados o, lo que es peor, incluso conscientes de su error insisten en verlo como no es.

Seguro que todos vemos alguna parte de la realidad. No es que lo que vemos no sea real, es que la realidad es mucho más que eso y se puede mirar desde lugares muy diferentes.

Con nuestras percepciones parciales, experiencias personales y creencias de todo tipo nos construimos un mapa del mundo. Somos capaces de elaborar nuestra propia interpretación de lo que sucede a nuestro alrededor.

Así que ya ves, Marta, el mapa que tú tienes del mundo es incompleto y está lleno de subjetividades. Por definición, los mapas son siempre reducciones de los correspondientes territorios.

Si de pronto esto te preocupa y piensas en pedir auxilio, te advierto que la forma en la que tus padres, tus amigos y tus jefes ven el mundo tampoco es un reflejo exacto de la realidad. Son aproximaciones al mundo, son puntos de vista. Sin duda, unos más acertados y otros menos, pero siempre son miradas subjetivas y planos incompletos.

Nuestra forma de ver el mundo es subjetiva, por eso de que somos sujetos. Lo que podemos hacer para ganar en claridad es *triangular la información*. Podemos compartir nuestra visión con otras personas que miran la vida desde otro lugar, para obtener un dibujo más preciso de la realidad.

Te has incorporado ya al mundo de la empresa y hay muchas cosas que no entiendes. Me preguntas frecuentemente cómo es posible que personas aparentemente bien preparadas tomen decisiones que te parecen tan poco inteligentes. Creías que determinados comportamientos desaparecerían a medida que las personas crecemos. Observas asombrada que muchos comportamientos inefectivos no solo no se eliminan, sino que se exacerban en algunas personas. Así es, Marta. De adulto, el ser humano que no se ha tomado la molestia de conocerse es tan frágil y está tan lleno de zonas oscuras como lo estaba de joven o de niño.

Escuchando tus preguntas me siento en la obligación, o más bien en el deseo, de compartir contigo mi mirada sobre el mundo.

Ya conoces mi trayectoria profesional. Ya sabes que durante más de quince años me he dedicado a formar a directivos y profesionales de cientos de empresas nacionales y extranjeras. Formación orientada al cambio de actitudes, creencias y comportamientos. Siempre con el propósito de apoyar a las personas a ser más efectivas en su vida personal y profesional. Esa experiencia me ha obligado a preguntarme muchas cosas y a ordenar las respuestas de forma coherente para poder explicarlas con claridad.

A lo largo de estos años he aprendido mucho escuchando y debatiendo con otros profesionales. No pocas veces he tenido la sensación de aprender yo como formador tanto o más que ellos como participantes.

La formación que facilitamos tiene contenidos diversos: liderazgo y dirección de personas, gestión del cambio, toma de decisiones, creación de equipos de alto rendimiento, etc. Es posible que pienses que son temas muy alejados de ti, que aún no has empezado a dirigir personas, ni proyectos. Lo cierto es que toda esta formación está basada en principios que tienden a ser universales y válidos tanto para un ama de casa, como para un estudiante o para un directivo.

Tu tía Irene me corrige cuando lee por primera vez el borrador de este escrito y me hace notar que *universal* es una palabra muy grande. *Universal* parece querer decir que estos principios son válidos en cualquier parte del mundo, en cualquier momento histórico. Tiene razón, la palabra posee un alcance demasiado amplio. Lo que en realidad quiero expresar con esta palabra es que son principios *universales* si hablamos del universo que definimos como Occidente, a principios del siglo XXI, y para personas de nuestro entorno económico y social. En mi opinión, podríamos defender la universalidad de estos principios incluso si salimos de nuestro entorno cultural y social. Se trata de una discusión de fondo que en este momento no me parece relevante.

Cuando hacemos cursos de Desarrollo Directivo, a estos principios los llamamos *Principios de Alto Rendimiento,* que queda muy elegante, y los aplicamos a los procesos de la empresa. Pero los principios, insisto, son igualmente válidos para cualquier persona en su ámbito personal o profesional. De hecho, en nuestro equipo de trabajo creemos que, aun entendiendo que hay matices, desarrollo personal y desarrollo profesional son en la mayoría de los casos un mismo proceso. Los profesionales son primeramente personas.

Así que, querida Marta, me propongo compartir contigo una parte esencial de mis descubrimientos sobre la vida y las personas durante estos años de intensa búsqueda y contraste.

En plan promocional te adelanto uno de los descubrimientos más interesantes. Hace tiempo comprendí que ***el significado de las palabras se negocia***. Cuando varias personas hablamos o discutimos sobre temas como el compromiso, el respeto, la responsabilidad, el éxito, o el servicio, es importante que todos sepamos de qué estamos hablando, qué significado le estamos dando a cada una de esas palabras.

Verifico cada día cómo los adultos hacemos encendidas defensas de nuestros puntos de vista usando las mismas palabras que son entendidas de formas diversas por diferentes personas, con lo que llegar a acuerdos resulta casi imposible. La dificultad y la ventaja del lenguaje es que casi todas las voces son polisémicas.

Si, por ejemplo, estas discutiendo con alguien sobre si un compañero de oficina le ha faltado el respeto a otro, y para ti el significado de la palabra *respeto* es obvio, no supongas que tu interlocutor le da a esa palabra el mismo significado. Acuérdate, en un caso así no tengas reparos en preguntar: "Perdona, ¿para ti qué significa la palabra *respeto*?"

Puedes encontrarte con que una persona entiende que respetar a otro en un debate significa escucharle sin interrumpirle. Otro individuo tal vez te diga que respetar a otro significa, más allá de escucharle, considerarle lo suficiente como para aceptar que puede tener razón. Tampoco te extrañe si tu interlocutor te responde: "¿Qué pregunta es esa de qué significa respetar a alguien? Respetar a alguien significa eso, respetar a alguien". Así no vamos a ninguna parte.

Aprendemos a través de las palabras. Conocemos el mundo a través de las palabras. Creamos la realidad a través de las palabras. Todo esfuerzo por definir con claridad el significado de palabras relevantes está bien invertido.

Recuerdo en una ocasión en un viaje de fin de semana con una pareja de amigos que uno de ellos afirmó, hablando en el coche camino del Parador al que nos dirigíamos, que yo *tiraba mucho de la pareja*. Su afirmación produjo en mí un efecto de irritación. Vamos, que el comentario me molestó profundamente. Yo entendía que mi amigo venía a decir que no estaba muy comprometido con la pareja, que abusaba de la relación, o algo parecido. Ya había empezado a defenderme cuando me di cuenta de que aquello no tenía mucho sentido y decidí hacer un sondeo. Antes de seguir con el debate quería saber cómo estaban las posiciones, así que pregunté a Irene y a nuestra amiga si estaban de acuerdo con la afirmación de mi amigo. Ambas dos opinaron que sí. Tres a uno, la cosa no pintaba muy bien. Entonces, agarrado al volante sin quitar la vista de la carretera, pregunté, sin darle mucha importancia, qué entendían ellos por *tirar mucho de la pareja*. El resultado fue fascinante. Tenían tres definiciones muy distintas, algunas de ellas contradictorias entre sí, pero lo mejor de todo es que yo tenía una cuarta.

¿Te imaginas hasta dónde podría haber llegado la discusión si no definimos previamente lo que significaba *tirar mucho de la pareja* para cada uno de nosotros?

Aunque sea tangencial en este relato, si te preocupa saber si tu padrino estaba comprometido con su pareja, te diré que yo siento que sí. Pero no le pidas opinión a tu tía Irene, por si acaso.

En definitiva, Marta, las reglas del "juego" que te propongo son las siguientes. Yo te escribo mis reflexiones sobre temas que para mí son importantes y pienso que lo puedan ser para ti. Tú las lees, me das tu opinión, o no; no quiero que te sientas obligada a contestar. Entonces me propones otros temas sobre los que te apetezca tener otra opinión, aparte de la que ya tienes.

De entrada, dada tu excitación con tu nuevo estatus de contribuyente a la Seguridad Social, podemos reflexionar sobre la ambición, el éxito, la excelencia, la responsabilidad, el respeto, y también sobre el amor, el equilibrio personal y profesional, la felicidad, entre otros muchos temas. En cualquier caso, te pido que verifiques la información que te doy, sin creerte nada porque sí, ni negar su validez sin argumentos.

Sé que los dos andamos regular de tiempo, así que no hay compromiso de contestar en un tiempo establecido. Cuando tengamos la serenidad y el deseo de participar en este proceso lo hacemos. ¿Estás de acuerdo?

Por cierto, aunque no hace falta decirlo, mi forma de ver el mundo es solo eso, mi forma personal de verlo. Al final de este proceso de intercambio de información ambos seremos más sabios y nuestros mapas del mundo serán más completos.

El ser humano lleva nueve mil años dibujando mapas. El más antiguo probablemente es un mural en Anatolia que representa la antigua ciudad de Huyuk. El primer mapamundi fue el de Ptolomeo del siglo II d.C. Los mapas antiguos distinguían el *ecúmene*, la parte del mundo conocida por una cultura, del *anecúmene*, formado por las áreas inhabitadas e ignotas.

Recuerda que en los mapas medievales de África, como solo se conocía un poco la costa, el detalle del interior era ignoto. Para no dejar ese espacio en blanco, los cartógrafos escribían: *hic leones sunt* (= aquí hay leones). La cartografía actual es un poco más precisa. Ya no hay espacios en blanco, pero acoge sus convenciones. Por ejemplo, acordamos que los trazos de las carreteras ocupen más espacio del que figuraría en una fotografía desde un satélite. El mapa resultante de esa fotografía resultaría poco útil para usarlo como guía, por más objetivo que pueda parecer.

En definitiva, no solo hay que tener mapas actualizados, sino que además han de ser útiles para poder avanzar hacia nuestro destino.

Un beso.
Tu padrino.

PRIMERA PARTE:
Las bases del liderazgo esencial

En mi mapa del Mundo, el liderazgo esencial se soporta sobre tres pilares: un carácter sólido, el sistema de creencias que mantenemos y la ambición como motor del ser humano.

El carácter es la estructura básica de cualquier ser humano. Entre otros, son atributos del carácter del líder esencial el pensamiento independiente, la tenacidad, la capacidad de sufrimiento, la convivencia con el esfuerzo, la osadía y el atrevimiento y la vocación de superación.

El liderazgo esencial tiene un reflejo continuo en lo que hacemos. Lo que hacemos viene determinado por nuestras creencias, que a su vez marcan nuestras emociones. Hay creencias efectivas y otras que no lo son. Hay creencias que te apoyan a crecer, a contribuir a un mundo mejor. Creencias que potencian tu liderazgo interno y otras creencias que generan separación, miedo, conformismo y cobardía. Desde las primeras, el liderazgo personal crece; desde las segundas es imposible liderar tu vida. Es nuestra responsabilidad elegir con qué creencias queremos caminar la vida.

Como tercer elemento de esta triada que configura la base del liderazgo esencial encontramos la ambición como motor de cambio. El inconformismo con resultados por debajo de lo potencialmente posible. El deseo de cambio puesto en marcha. La capacidad de ambicionar implica la habilidad de imaginar, de crear, de soñar con algo distinto a lo que es real en ese momento y la voluntad firme de hacer lo necesario para alcanzarlo.

1.

Mapa de las creencias

Querida ahijada,

Me preguntas sobre el “extraño” comportamiento de las personas. No entiendes, me dices, cómo hay personas a tu alrededor que, con la misma información que tú, toman decisiones tan distintas a las que tú tomarías.

Cada ser humano te parece complejo e impredecible. Cuando crees que van a reaccionar de una manera concreta ante un acontecimiento, te sorprenden con reacciones que te parecen fuera de lugar.

Veo cómo calificas a tus compañeros, clientes y proveedores en función de si lo que hacen es coherente con lo que tú harías. Lo que tú crees que debería hacerse en esa situación. Ya has observado que también en las empresas nos dedicamos con deleite al juego de aplaudir o reprobar los comportamientos de los demás. Por supuesto, les juzgamos usando nuestro personal código de conducta como regla de medir.

Reconozco que me divierte verte descubrir el mundo de los adultos y tu frustración porque se parece demasiado al de los adolescentes. Pensabas que esas cosas solo pasaban en la vida "corriente", fuera del entorno laboral. Te extraña que en un contexto que debería ser más objetivo, con una dirección clara, las respuestas de las personas sean igualmente subjetivas e incluso, desde tu punto de vista, irracionales.

Hay una explicación razonable para explicar esa aparente irracionalidad.

¿Te acuerdas que en la primera carta de introducción a estos "Mapas" te decía que tu forma de ver la vida es subjetiva, no es como el mundo es en realidad, sino una aproximación al mismo?

Quiero completar ahora esa información afirmando que tu forma subjetiva de ver el mundo influye decididamente en lo que haces. Todos actuamos de una forma concreta porque mantenemos determinadas creencias sobre lo que nos rodea. Creencias sobre las relaciones humanas, sobre la sociedad, la justicia, los seres humanos, la salud. Tenemos creencias sobre Dios, el sexo, la riqueza, el desarrollo personal, la educación, la política, la amistad, el papel de la mujer en el trabajo, la maternidad, etc.

Si cambiaran tus creencias sobre todo esto, si tus creencias fueran otras, tu comportamiento sería distinto.

Es decir, sientes y te comportas de una forma concreta porque tienes unas determinadas creencias. Si estas cambiaran, te sentirías y actuarías de otra manera. De hecho, todas esas personas que actúan de una forma distinta a como tú lo harías en su situación, albergan una serie de creencias distintas a las tuyas.

Las creencias personales se manifiestan en cualquier conversación. Cuando hablo de política con mi padre, nuestras creencias de partida son muy visibles. A él le preocupa mi tendencia a hablar de lo que "debería ser", cuando cree que la conversación que merece la pena es la de lo que "podría ser".

En su creencia, los argumentos del "debería" fuera de lo que es posible demuestran cierta ingenuidad, voluntarismo y son generalmente estériles. Como me quiere bien, sospecho que le preocupa que use ante terceros argumentos propios de idealistas, poco prácticos, que no sirven para tomar decisiones. No le falta razón.

A mí, por el contrario, ceñir el debate a lo que es posible me parece que es aceptar que el marco de juego, el statu quo de las cosas, es inalterable y debe ser respetado. Me resisto a asumir que cualquier solución deba arrancar de la hipótesis de que la realidad y el equilibrio de fuerzas que hacen que esa realidad sea como es se van a mantener inamovibles.

Lo cierto es que a él también le gusta proponer lo que *debería ser* pero, a diferencia de mí, él está jubilado y convencido de que se puede permitir ser un *antisistema* de vez en cuando.

Como eres una interlocutora avezada en el debate, me pedirás que te defina el término *creencia.*

La R.A.E. define *creencia* como el "firme asentimiento y conformidad con alguna cosa" o el "completo crédito que se presta a un hecho o noticia como seguros o ciertos".

En Román paladino, las creencias son nuestros puntos de vista, las opiniones que mantenemos sobre las cosas ya asentadas y fijadas en nosotros. Nuestros mapas personales. Nuestro libro de ruta vital.

Me dirás que aquí tienes poco que hacer. Que cada uno cree lo cree y que si tus creencias no te apoyan mucho en tu vida, mala suerte. Qué le vamos a hacer.

Pues no. Resulta que tengo una noticia un poco revolucionaria que no sé si para ti será buena o mala, pero puede que te resulte un poco desconcertante.

Verás, **las creencias que mantenemos son elegibles.**

Es decir, puedes optar por mantener unas creencias o por mantener otras. Ahora tienes unas creencias concretas, lo que no significa que no puedas cuestionarlas y abandonarlas conscientemente e incorporar creencias nuevas si llega el caso.

Ya sé que no te lo crees. ¡Pero se puede!

De hecho, la primera creencia que puedes cuestionar es esa: "las creencias se pueden elegir, se pueden cambiar".

Déjame que recurra a José Antonio Marina para completar la definición de *creencia.* José Antonio Marina es un gran filósofo español, afortunadamente vivo y en plena producción intelectual. Durante un tiempo pensé que iba a tener un problema para un filósofo de prestigio y es que resulta comprensible. Es decir, que le lees y le entiendes sin hacer un enorme esfuerzo. Y claro, lo divulgativo puede parecer poco científico. Parece ser que para el establecimiento cultural lo científico tiene que ser críptico e ininteligible para la media de las personas. En definitiva, si no le has leído todavía, te animo a que empieces a hacerlo.

Lo que te decía, Marina da la siguiente definición sobre las creencias:

> "Las creencias son ideas que vivimos, a veces sin percatarnos de que lo hacemos porque las confundimos con la textura misma de la realidad. Estamos en ellas. Son el aire ideológico que respiramos: no lo vemos, no lo olemos, no lo tocamos, pero mantiene continuamente nuestro metabolismo vital. Nos domina con tal sutileza que no nos damos cuenta de su dominación. El lenguaje, que es muy perspicaz, habla de "las opiniones reinantes". En efecto, nos dirigen con un poder implacable"[(4)].

Cuando digo que las creencias son elegibles no me refiero a las creencias más íntimas del ser humano, las que configuran su estructura personal básica. Si tú tienes una creencia de respeto al ser humano, o de que los más desprotegidos deben ser cuidados por quienes están en mejor situación, difícilmente vas a poder elegir otras creencias para sustituirlas. No digo que sea imposible, aunque sí extraordinariamente difícil.

Tampoco me estoy refiriendo a creencias religiosas. Aunque no creo que su funcionamiento en nosotros sea esencialmente distinto. Parece obvio que las convicciones religiosas son aprendidas y, aunque están muy arraigadas en el ser humano, se pueden aprender otras nuevas, si te abres a cuestionar las que mantienes actualmente que, insisto, no es que estén equivocadas, es que son cuestionables.

Por su parte, el Neurólogo y psicólogo Boris Cyrulnik afirma que "para dar forma al mundo y para sentirnos seguros, descubrimos relámpagos de verdad de los cuales hacemos generalizaciones absurdas"[(5)].

---

4 José Antonio Marina. *Crónicas de la ultramodernidad*. Editorial Anagrama. 2000.

5 Boris Cyrulnik. *De cuerpo y alma*. Editorial Gedisa. 2007.

Como añade Marina, las creencias son revisables y reemplazables en un nivel individual y colectivo, una vez que somos conscientes de ellas, a pesar de ser sutiles y de instalarse a hurtadillas, sin ser aceptadas conscientemente, en la sala de operaciones donde se toman las decisiones individuales.

Continúa afirmando que las creencias están cambiando permanentemente. "Nuestra cultura está desprendiéndose de unas certezas y creando otras. ... Si tuviéramos unos oídos sutiles, percibiríamos el trajín incesante de los telares donde se están tejiendo las creencias de nuestra cultura"[6].

Creo que ser capaz de cuestionar, revisar y modificar tus creencias en todo o en parte es una manifestación de liderazgo esencial, de flexibilidad mental, de crecimiento personal y de valentía. Las personas con una autoestima inadecuada prefieren agarrarse a sus creencias antes que enfrentarse a la posibilidad de estar equivocados.

Otros contornos del Mapa de las creencias que me parecen interesantes son estos:

Se trata de una cuestión de hábitos

El liderazgo esencial es una cuestión de hábitos. Las creencias que mantenemos sobre las cosas determinan nuestras conductas y estas conductas generan hábitos. Una vez que el hábito ha sido generado, es difícil cambiarlo. Fíjate, Marta, la importancia de los hábitos en la conducta, que decía Aristóteles que "somos nuestros hábitos". Decía él que somos lo que hacemos cada día. En su opinión, nuestros hábitos nos califican. Quería significar que si tú cada día te comportas con integridad, eres una persona íntegra. Si cada día ordenas tus cosas, eres una persona ordenada.

Hay hábitos generados a partir de creencias que nos apoyan en nuestros objetivos y otros nos dificultan alcanzarlos. La clave del liderazgo personal es ser capaz de elegir las creencias que mejor nos apoyan en nuestro propósito personal y profesional.

---

6 José Antonio Marina. *Crónicas de la ultramodernidad.* Editorial Anagrama. 2000.

Incluso las creencias largamente asentadas se pueden cuestionar. De hecho, muchas de ellas no aportan nada positivo a la comunidad que las mantiene. Por ejemplo, los antropólogos afirman que los hábitos económicos más extraños, y aparentemente sin sentido, tuvieron su origen y su razón de ser en un momento histórico de la comunidad que los justificaba, aunque en muchos casos hoy día esas razones ya no se dan. Así, la prohibición de comer carne de algunos anímales en determinados países, que en su día tenía una razón sanitaria, hoy en día puede privar a pueblos enteros de una fuente de proteínas necesaria.

Los comportamientos que se derivan de estas creencias también cambian. Las administraciones públicas y algunas organizaciones no gubernamentales hacen campañas de concienciación, que no son otra cosa que campañas para configurar nuevas creencias, para cambiar hábitos de conducta que se consideran poco recomendables.

En los últimos años habrás visto cambiar los hábitos de consumo de tabaco, cambios de conducta derivados de una mayor conciencia del deterioro medioambiental o cambios de hábitos a partir de una creencia que fomenta el cuidado de la salud y la forma física, entre otras.

También hemos visto cómo se han realizado campañas de comunicación para cambiar creencias que pretendían alterar algunos hábitos, pero no han funcionado como se esperaba. Como ejemplo de intento de cambio de creencias fallido basta constatar que el consumo de alcohol sigue sin disminuir, los accidentes de tráfico tampoco lo habían hecho hasta que llegó el "carnet por puntos", ni la violencia familiar a las mujeres, ni el abandono de animales, ni la limpieza en las ciudades. Sobre todo ello ha habido campañas muy importantes, que han generado algunos movimientos de conducta, pero no se han visto cambios significativos.

No solo la sociedad crea y mantiene múltiples creencias. Nuestras familias son fuentes permanentes de creencias que se van pasando de generación en generación. Cuando educamos en los colegios, cuando criamos a nuestros hijos, cuando dirigimos equipos, estamos transmitiendo creencias sin cesar.

Así que ya ves, vivimos en una sopa de creencias incuestionadas en su inmensa mayoría, dadas por ciertas y por las cuales las personas, los grupos, los países están dispuestos a todo.

Es preciso que las creencias colectivas sean periódicamente revisadas, que no se den por buenas y dejen de cuestionarse, porque, como afirma Marina, "la capacidad de habituación del ser humano es tan poderosa (y tan peligrosa) que puede acabar aceptando como normal cualquier disparate que se repita muchas veces".

Compartir una visión del mundo distinta a la convencional exige valor. El simple hecho de cuestionar tus propias afirmaciones del pasado, una vez que tienes información nueva, es un rasgo de carácter que admiro.

Las personas con un liderazgo esencial corren el riesgo de equivocarse y de ser reprobados por su entorno cundo defienden con convicción su punto de vista. Por acción o por omisión, todos participamos en el baile de crear y mantener creencias.

Hay creencias más efectivas que otras

Si te has dado cuenta, de lo que hemos hablado hasta ahora rezuman una serie de creencias que, por supuesto, son cuestionables.

Ahora, ¿cómo sabemos que creencia es la más efectiva?

En mi opinión, la creencia más efectiva es la que mejor funciona mirando desde un punto de vista amplio. Pregúntate sobre las consecuencias que se derivan de esa creencia. Qué creencia es más efectiva dependerá de cuál sea tu objetivo. Mi experiencia es que en el fondo no es tan difícil saber qué creencia es más efectiva.

- Entre creer que otro mundo mejor y más justo es posible o creer que no lo es, la primera es más efectiva.
- Entre creer que mi vida depende de mí o que no depende de mí, la primera es más efectiva.

- Entre creer que los seres humanos son dignos de respeto o creer que depende de los casos, la primera es más efectiva.
- Entre creer que las organizaciones tienen una responsabilidad social o creer que no la tienen, hay diferencias significativas en términos de conductas y comportamientos concretos

Que mantengas la creencia de que lo que va a ocurrir en tu vida, de alguna forma tú lo provocas o lo permites, o creas que lo que te ocurre es consecuencia del azar, es muy distinto. En el primer caso, crearás lo que quieres en tu vida y te sentirás responsable de lo que eres y de lo que tienes. En el segundo caso, te quejarás de tu mala suerte y te sentirás incapaz de cambiar las cosas.

Tus creencias disparan tus sentimientos

Me dices que el comportamiento de las personas depende también de lo que sienten, no solo de lo que piensan. Estoy de acuerdo al ciento por ciento. Lo que ocurre es que lo que el ser humano siente también viene dirigido por su sistema de creencias. Las creencias teledirigen las emociones. Si no, ¿por qué iba a parecerte mal que un compañero escurra el bulto y trabaje menos de lo que se ha comprometido? Sencillamente, porque choca con lo que tú entiendes que es la profesionalidad, la lealtad, el compromiso y la obligación de un profesional.

Así es. Tanto lo que sentimos como nuestra conducta están impulsados por nuestras creencias.

Con los profesionales de la empresa uso un ejemplo que suele funcionar. Tiene que ver con las creencias que mantenemos sobre lo que es la *delegación*, ya sabes, la delegación de funciones o tareas en otros miembros de un equipo. Si la creencia de un directivo es que la delegación es dar a un colaborador "más trabajo al mismo sueldo", cuando se ve en la tesitura de delegar una tarea en alguien, es probable que se sienta como un abusador. Y como no se quiere sentir así, lo que hace muchas veces es no delegar y realizar él mismo esa tarea.

Si, como alternativa, este mismo directivo eligiese una creencia más efectiva sobre la delegación y considerase que delegar es una forma fantástica de desarrollar a un colaborador y la oportunidad de formarle para que pueda ocupar nuevas responsabilidades en el futuro, si la creencia fuera esa, ante la oportunidad de delegar se sentiría feliz de hacerlo y, como consecuencia, delegaría sin problemas, siempre que esa creencia viniera acompañada de la creencia de que la obligación de un buen jefe es desarrollar a sus colaboradores.

Veamos otro ejemplo. Si yo *creo* que mi mujer es mía y solo mía y tengo un sentido de propiedad sobre ella y *creo* que el hecho de que esté con otro hombre me humilla, me insulta y me ensucia de una forma insalvable y un día me entero o sospecho que mi mujer estuvo con otro tipo, ¿cómo crees que me sentiré?

Sí. Dolido, humillado y ofendido en un nivel insoportable.

Y si me siento así, ¿cómo crees que actuaré?

Efectivamente. Lo más seguro es que me dé a la violencia o, sin ir tan lejos, sencillamente rompa definitivamente la pareja.

Ahora, si mi creencia fuera, en el otro extremo, que lo que ocurre entre mi mujer y otro hombre no tiene que ver conmigo, que es algo entre ellos. Que no es que me dé lo mismo, pero que tampoco es tan importante. Si creyera como la señora que limpiaba en casa de la abuela, cuando le escandalizaba contándole que su marido había estado con otra mujer y ante el asombro de la abuela le decía lo de: "señora, si eso se lava y como nuevo". Si mi creencia fuera esa ¿cómo me sentiría? Y como consecuencia de esa forma de sentir la realidad, ¿cómo actuaría?

En efecto, Marta, problemas ancestrales como la violencia de los hombres sobre sus parejas se resolverán primero en las escuelas, cuando se cambien las creencias colectivas de varones y mujeres sobre la naturaleza de su relación.

Sin ir más lejos, estos "Mapas del mundo para Marta" no son otra cosa que el resultado de mi creencia sobre cuál es el papel de un padrino en su relación con su ahijada. Mi creencia es que el padrinazgo me impone una responsabilidad sobre tu bienestar presente y futuro. Me invita, como espero hacer con mis hijos, a trasladarte parte de mi visión del mundo para que tú la mejores y construyas la tuya propia.

Resumiendo

En definitiva, Marta, sobre las creencias quédate con lo siguiente:

1. Lo que creemos marca nuestra emoción y nuestro comportamiento.
2. Las creencias son aprendidas.
3. Hay creencias efectivas y otras que no lo son.
4. Las creencias se pueden elegir, es decir, se pueden cambiar.
5. Merece la pena asegurarse de que hemos elegido las creencias más efectivas.

Así que ya ves, todos esos comportamientos que no entiendes en otras persona tienen su origen en una creencias distinta a la tuya. Conocer a una persona es conocer el conjunto de creencias que mantiene sobre las diferentes situaciones de la vida.

El proceso de descubrir, a través de la observación y el diálogo, el conjunto de creencias del otro es un ejercicio fascinante. Todo lo que vas a leer en este libro son creencias que, en mi opinión, asientan y potencian la esencia de tu liderazgo.

Un beso Marta.

P.d. Marta, te añado una reflexión que me aporta François, el director comercial de INFOVA y buen amigo, que se ha tomado la molestia de leer los borradores de estos Mapas que te escribo y de hacerme algunos comentarios que agradezco de corazón. Su cometario al Mapa de las Creencias dice así:

> "Que ricas las creencias con patatitas, con su salsita, sus tropezones. Hasta que las dejas por ahí un tiempo y te olvidas. De repente te acuerdas de ellas, te las comes salteándolas un poco con ajito y perejil, y… ¡hala!... una salmonelosis que te deja una semanita con todo revuelto.
>
> - Es que estaban ahí y no las iba a tirar. -

Con toda la razón del mundo. No las iba a tirar.

Eso es lo que habría que hacer: tirarlas; pero no al cubo amarillo de reciclar, a la incineradora de Valdemingómez. Al menos un buen puñado de ellas. Yo estimo (basándome en el teorema de Grigorovsky, la aplicación del Axioma de Brahadirinyaka y las tablas de cálculo infinitesimal de Matshuhiro) que el 93,87% de nuestras creencias son erróneas.

Cada vez que recuerdo que puedo cantar, doy gracias a Dios por descubrirlo y maldigo mi estupidez por haberme pasado treinta y tantos años sin intentarlo porque creía que no podía(7). No dejo de preguntarme cuántas cosas he dejado de hacer por creer que no podía. Miento. Ya he dejado de preguntármelo porque a estas alturas de mi innoble existencia no tiene mucho sentido.

Esa es mi mayor preocupación respecto al Mapa de las creencias. Su poder omnímodo, su absolutismo, su despotismo. Creo que el mapa de las creencias debería tener un capítulo dedicado a la profilaxis.

Disculpa la broma, pero es que se la tengo jurada a mis creencias. Me han jugado alguna mala pasada, y yo, incauto de mí, les he dado más poder que el Madrid a Camacho(8)…

Mañana más. Con afecto. François IV El Creyente".

7 François es sordo en un 70% en los dos oídos. A pesar de ello toca la batería en un grupo de Rock desde su juventud. De hecho, es la única actividad pública que se permite hacer sin aparatos en los oídos.

8 Es curioso lo pronto que se quedó obsoleto el comentario de Camacho y el Madrid.

Nombre: Fecha:

A día de hoy, mis aportaciones cartográficas al Mapa de las creencias son las siguientes:

2.

Mapa del carácter

Querida Marta,

Aquí estoy de nuevo. Acabo de tener una de esas conversaciones con Alba quien, a sus 12 años, insiste en dejar las clases de tenis.

La verdad es el tenis no se le da bien. Alba tiene muchas habilidades en muchos campos distintos, pero el tenis y, en general, los deportes que exigen buena coordinación ojo-mano, no son su punto fuerte.

Cada martes y jueves la puedes ver en clase con una actitud lánguida, corriendo sin ganas, golpeando la pelota sin gracia, escuchando los gritos del profesor que quiere animarla: "¡Con ganas Alba! ¡Con rabia!". Sus cuatro compañeros de clase, todos varones, entusiastas del deporte, juegan a "cazarse" a pelotazos unos a otros. Si hacen un punto, está bien, pero si además de ganar el punto han cazado a otro dándole un pelotazo en alguna parte del cuerpo, lo disfrutan tres veces. Obviamente, Alba, que no está en eso, es cazada frecuentemente, lo que le irrita y le ofende a partes iguales. No es raro que Alba salga de la clase llorando o hecha un basilisco pidiéndonos que la borremos de tenis.

La cuestión es que no estamos dispuestos a que Alba abandone por el simple hecho de que no se le da bien o porque le cueste seguir el ritmo de sus compañeros. El pacto con ella es que, cuando pueda pasar las pelotas con tranquilidad en un peloteo mantenido, la sacaremos de la clase de tenis(9).

---

9 En este momento Alba tiene 15 años. Nunca aprendió a jugar bien al tenis. Hace dos años cambió esas clases por las de patinaje. Desde que empezó a deslizarse por el hielo no falta voluntariamente a una clase. Hoy por hoy demuestra una gran tenacidad en los distintos ámbitos de su vida. No aprendió mucho de tenis, pero creo que entendió la importancia de la perseverancia en la búsqueda de un resultado. Por otro lado, tengo que reconocer que el objetivo de que aprendiera a jugar al tenis era mío, no suyo.

Estamos convencidos de que, el día de mañana, haber desarrollado la habilidad y la coordinación que implica el tenis le dará a Alba opciones de participar en muchos planes vinculados al deporte. Y lo que es más, confiamos que el mensaje de perseverancia ante la dificultad, el aburrimiento o el "dolor", le apoye a forjar una personalidad luchadora ante la adversidad.

Esta anécdota me sirve como entrada para hablarte del carácter.

Probablemente este debería haber sido el principio, el primer Mapa en este compartir, por la simple razón de que está en el fondo de todos los otros Mapas. Afirma el profesor Santiago Álvarez de Mon[(10)] que el liderazgo es, sobre cualquier otra consideración, una cuestión de carácter.

Abordo este tema motivado por tus comentarios admirativos sobre la capacidad de trabajo de uno de tus compañeros de despacho. Te sorprende su fuerza de voluntad y su dedicación. Aún eres casi una recién llegada a la profesión. Con el tiempo, también te sorprenderá gente por lo contrario. Por la tenacidad y por otras muchas cualidades, unos parecen tener un carácter más sólido que otros.

Acabo de terminar de escribir, junto con Nacho Soriano, un libro sobre el liderazgo a través de la Historia. En todos los líderes que hemos estudiado te sorprende la fortaleza y manifestación de su carácter, el atrevimiento para imaginar el futuro, la valentía para cuestionar las certezas del momento, la capacidad de trabajo, la audacia en la toma de decisiones, la planificación esmerada, el cuidado de los detalles, la lealtad a sus propias convicciones.

Por el contrario, en ninguno de los hombres y mujeres que hemos analizado aparece la frivolidad, la indolencia, la dejadez, la apatía o la cobardía como sus atributos destacados.

Otras cualidades personales aparecen más claramente marcadas en unos que otros líderes. La generosidad, el cuidado de las personas, la capacidad estratégica, la facilidad para persuadir desde la palabra, el atractivo personal o la aceptación de un marco ético superior.

---

10 Santiago Álvarez de Mon. *Desde la Adversidad.* Editorial Prentice Hall. 2003.

Hemos aprendido mucho sobre liderazgo esencial estudiando a los grandes líderes de la Historia.

Verás, Marta, has terminado tu educación básica y superior, te han enseñado un montón de cosas, te han examinado de muchas de ellas, te han preparado para empezar a trabajar. Pero el carácter, lo más importante de todo lo que has desarrollado durante estos años de aprendizaje, no es objeto de examen, ni es condición de admisión, ni exclusión de ninguna universidad ni trabajo.

El carácter se educa, se desarrolla, se fortalece y nos acompaña en cada momento de nuestra vida. El carácter se hace evidente en el ámbito profesional y en el personal.

Cuando observo cómo ha evolucionado la formación infantil, tengo la seguridad de que mis hijos llegarán a la adolescencia sabiendo perfectamente leer, escribir, matemáticas, idiomas e informática. Aprenderán también ajedrez. Aprenderán, además, deportes, psicomotricidad, música, solfeo y canto, si quisieran. Pero cuando veo a mis hijos y a sus amigos, me pregunto frecuentemente si les están apoyando lo bastante en su proceso de forjar su carácter.

El carácter al que me refiero es la fuerza interna que todos tenemos para hacer las cosas, para afrontar las dificultades, para no desfallecer, para mantenernos firmes en el camino que consideramos correcto, para defender nuestra identidad, para ser ecuánimes, defender nuestro criterio, superar el miedo, digerir la derrota o el éxito y buscar nuestro objetivo.

Los psicólogos me reconvienen cuando hablo del *carácter* porque en psicología con esta palabra se refieren a aquello innato en el ser humano y que no se puede cambiar. Lo que sí se puede cambiar, desde el punto de vista de la psicología, es la personalidad del individuo.

Bien, más allá de que el lenguaje de la calle haya cambiado el significado de estas palabras frecuentemente, quizás por la influencia americana, el *carácter* al que yo me refiero es educable. Es posible hacerlo crecer, fortalecerlo, apuntalarlo en cada ser humano. El carácter es personal, nos acompaña en cada paso que damos e influye de una forma evidente en los resultados que producimos[11].

José Antonio Marina, en su libro *El cerebro infantil. La gran oportunidad*, utiliza un concepto muy interesante de personalidad. Distingue entre la *personalidad heredada*, la *personalidad aprendida* y la *personalidad elegida*. Afirma que la segunda de ellas, la aprendida, "es lo que tradicionalmente llamamos carácter: un conjunto de hábitos intelectuales, afectivos, ejecutivos y morales firmemente asentados en nuestra memoria".

La *personalidad elegida*, dice, es el modo en el que una persona, a partir de las posibilidades que le proporciona su carácter, elige su sistema de valores, su forma de vida, el modo de aceptarse o rechazarse.

Define la educación como la suma de la *instrucción* más la *formación del carácter.*

Vemos cada día decenas de personas, de directivos y de profesionales que operan y deciden desde su inseguridad, desde el miedo, desde la ansiedad incontrolada, desde la incapacidad para cambiar porque no tienen la fuerza interna para hacerlo. Y también vemos profesionales que trabajan y deciden cada día desde otro lugar mucho más firme, más sereno y más efectivo.

He impartido cientos de cursos de liderazgo y, en la mayoría de los casos, me encuentro a directores de formación y, sobre todo, participantes, buscando recetas de comportamientos específicos que aumenten la percepción del liderazgo de un sujeto. Buscan mejorar su habilidad para dirigir personas, sin darse cuenta de que la dirección de personas es una cuestión primero de carácter y luego de habilidades y actitudes.

Para delegar correctamente, son cualidades imprescindibles la confianza y la seguridad personal. Ambas son manifestaciones del carácter. Muchos

---

11 Por si aporta claridad, añado la definición del diccionario. La RAE define *carácter* como "Conjunto de cualidades psíquicas y afectivas heredadas o adquiridas, que condicionan la conducta de cada individuo humano distinguiéndole de los demás". En otra acepción de la palabra dice: "Modo de ser peculiar y privativo de cada persona por sus cualidades morales". En su origen, el "carácter" procede de una palabra latina que significa "El hierro con el que se marca el ganado".

profesionales, que conocen perfectamente las bondades y la necesidad de la delegación, son incapaces de superar la ansiedad de perder el control directo sobre lo que ocurre o son incapaces de confiar en sus colaboradores de una forma amplia.

Para dar información correctiva de forma abierta y frecuente a un colaborador necesitamos estar dispuestos a correr el riesgo de perder el aprecio de quien la recibe. El miedo a perder ese aprecio, a indisponerse con un colaborador, el miedo al conflicto, tiene que ver con el carácter de cada individuo.

Para motivar a un equipo de colaboradores lo primero es darles un buen ejemplo, ser un referente de elección del propio nivel de motivación. La elección de las mejores actitudes en cada momento exige una gran dosis de fuerza personal, de carácter.

En definitiva, los innumerables problemas de dirección de personas y proyectos que se dan en las organizaciones, como en las familias y otros ámbitos de la vida, tienen mucho más que ver con el carácter que con las habilidades.

Merece la pena reflexionar que la inmensa mayoría de la formación que se convoca en las organizaciones opera sobre las habilidades y no sobre el carácter.

Durante años, hemos creído que al explicar una vez más las virtudes de la delegación y la necesidad de delegar, quien no delega con frecuencia y amplitud empezará a hacerlo. Hemos enseñado a los aprendices de líderes a cómo crear símbolos externos de liderazgo en la creencia de que eso les permitiría liderar. El resultado de este enfoque es muy visible para todos. Sigue faltando mucho liderazgo interno, mucho liderazgo sólido.

El carácter se educa

Desde el punto de vista de la formación, la pregunta clave es: ¿se puede educar el carácter?

En mi opinión, la respuesta es sí. Volviendo a la educación infantil, podemos hacer niños blandos y débiles o proyectos de hombres y mujeres firmes y con criterio, niños acostumbrados a compartir, a esforzarse por un objetivo, a aprender de lo que ocurre, sea o no el resultado esperado. Niños con un claro sentido de la justicia, de apoyo al más débil, niños con las creencias más efectivas y la fuerza interna para actuar conforme a ellas. Niños con un carácter sólido.

Sin duda, el trabajo de los padres y educadores es lo único que tiene aquí sentido. Por otro lado, no descubro nada si digo que el deporte, el entrenamiento, el establecimiento de objetivos y el esfuerzo continuado por conseguirlo son un camino muy acertado en este propósito.

Con los adultos el tema no es tan distinto.

El carácter se educa cada día, si tienes la claridad de que lo estás haciendo.

Cada vez que te propones algo y te enfocas en conseguirlo, estás educando el carácter. En cada ocasión que superas la pereza, te pones la ropa de hacer deporte y sales a correr, estas educando el carácter. Cuando te sobrepones al miedo a perder la aprobación de otro, dices lo que piensas y eres honesta contigo, estás desarrollando el carácter.

Cada vez que pierdes y eres capaz de levantarte, aprender y seguir caminado, estás educando el carácter.

Cada vez que confías en ti y superas el miedo, estás educando el carácter.

—Marta, déjame que te cuente una historia:

Sabes que yo juego al golf en verano. No como tu hermano Pablo que va camino dejar la abogacía para meterse en el circuito profesional. No sé si algún día le dedicaré más tiempo, pero de momento soy jugador de un solo campo y de un solo mes.

He aprovechado varios años la oportunidad de dar clases con alguno de los excelentes profesores del club Guadalorce. Siempre que les veo dar clases pienso: si lo saben todo sobre golf, si son capaces de dar a la bola con los ojos cerrados, cambiando las manos, sacar la bola del *banker* con una madera, hacer que la bola se mueva de derecha a izquierda o al contrario. Si son tan buenos, como de hecho son, ¿por qué no son campeones de golf en lugar de profesores?

Entendería que después de haberlo ganado todo y ya con más años decidieran terminar sus carreras dando clases, pero no es el caso.

Entendería también que sencillamente no les gustase la vida de la competición y prefirieran enseñar a otros a disfrutar de un deporte que les fascina.

En una ocasión le pregunté al profesor más veterano, con el que más clases había compartido, por qué no estaba en la competición.

Entonces me contó que había estado en el circuito de competiciones nacionales, pero tuvo que dejarlo. Según me explicaba, era un jugador fantástico, con mucha pegada, magnífico juego de aproximación a la bandera. Sin embargo, cuando llegaba el momento de dar el último golpe, donde ganas o pierdes los torneos, se venía abajo, no podía con la ansiedad, el brazo se le agarrotaba, abría la mano, los nervios podían con él y terminaba fallando golpes que le alejaban sistemáticamente de los puestos de cabeza. Me contaba las innumerables ocasiones que se había ido llorando al hotel después de haber tirado por la borda un gran campeonato en los golpes sencillos pero de más presión psicológica. Tenía una gran técnica, pero le fallaba alguna cualidad del carácter para aguantar la presión.

Mientras escribo estas letras hay cientos de candidatos a estrellas del golf educando su *swing*. En su entrenamiento trabajan su juego corto, su tiro a bandera, ensayan sin descanso el golpe de *put*, la salida con el *drive*, el golpe con *slice* y con *hook*, la recuperación desde la arena. Igual que hacía Ballesteros en su entrenamiento, entrenarán todos los golpes con un solo palo cogiéndolo más corto o más largo, más abierto o más cerrado según las exigencias del campo. Muchos de ellos desarrollarán una técnica espectacular.

Sin embargo, me pregunto cuántos de ellos entrenan la frustración, la digestión del éxito y del fracaso, la presión ante una jugada vital, la capacidad para tomar decisiones importantes en el tiempo disponible, la capacidad para asumir las consecuencias de un mal golpe, la fuerza de voluntad para levantarse cada mañana e ir a entrenar llueva, truene o haga un calor insoportable.

Cuántos de ellos aprenden a compartir, a jugar en equipo, a relajarse, descansar y cuidarse en la presión, a sufrir, a apretar los dientes y seguir.

A cuántos de ellos les preocupa tener la capacidad para aceptar que ha llegado el momento de cambiar, de dejarlo, de empezar de nuevo en otro lugar. La capacidad para aceptarse, para no juzgarse, para aprender de cada golpe.

Cuántos desarrollan conscientemente la capacidad para amar lo que hacen y hacer lo que aman, para disfrutar, para reírse de ellos mismos, para divertirse, para mantenerse sereno ante lo incierto, para poner en perspectiva las cosas, para ser humilde y orgulloso a un tiempo.

Si alguna vez tienes la curiosidad de ver un campeonato de golf por televisión, verás que todos juegan como los dioses. ¡Llevan toda su vida haciéndolo! Muchos no han hecho otra cosa desde que son niños. ¿Cómo no van a ser buenos? Son todos muy buenos técnicamente. Pero unos son jugadores completos y otros no. Unos tienen el carácter adecuado y otros no.

Sin el carácter adecuado solo puedes aspirar a jugar bien.

Mi creencia es que si a tus capacidades, a tus habilidades, le sumas el carácter adecuado, puedes aspirar a lo que quieras.

Hay mil formas de educar el carácter. La vida cotidiana nos ofrece continuas oportunidades que podemos aprovechar. Para mí, el deporte, la montaña y la competición fueron una buena escuela. Hay quien forja el carácter estudiando una oposición como tu hermano Pablo, dando servicio a otros, sacando a sus hijos adelante, levantándose a trabajar cada mañana soñando con mejorar sus opciones. Esta revisión de los "Mapas del Mundo" la escribo en 2011 en plena crisis económica mundial. Qué gran momento para reafirmar la importancia de un carácter sólido ante la adversidad.

Atributos del carácter

El liderazgo esencial se apoya en un carácter sólido. Conscientemente educado. Este carácter se desarrolla durante toda la vida en los retos sucesivos que vamos afrontando, en nuestro desarrollo personal y profesional.

Hay muchos atributos del carácter. Entre ellos, los más propios del liderazgo esencial son:

1. La constancia y la convicción en la consecución de tu propósito. Vinculado con ellas, la capacidad de sufrimiento.

2. La integridad personal y la coherencia con la palabra dada.

3. La defensa en público y en privado de lo que consideras correcto.

4. El atrevimiento y la osadía en la propuesta de alternativas.

5. Vivir desde la responsabilidad en lugar de desde la queja.

6. La defensa de tu propio pensamiento independiente, no colonizado.

7. La asunción de errores y la toma de acción correctiva.

8. El sentido del humor sobre uno mismo.

9. La capacidad para convivir con nuestras dudas sin que estas nos lleven a la parálisis, ni a su abandono.

En fin, Marta, te dejo que me voy a acompañar a tu tía a la compra. Ya ves, aquí pasamos de la reflexión sesuda a las tareas de logística casera sin despeinarnos.

Un beso.

Pd. Si tienes algo de tiempo te invito a que te hagas estas preguntas:

1. ¿En qué situaciones mi carácter no me apoya como yo quisiera para alcanzar mis objetivos y en que situaciones si lo hace?

2. ¿Qué puedo hacer, en concreto, para fortalecer mi carácter?

Nombre: Fecha:

A día de hoy, mis aportaciones cartográficas al
Mapa del carácter son las siguientes:

3.

Mapa de la ambición

Querida Marta,

Aquí estoy de nuevo dispuesto a cartografiar contigo una parte de mi visión del mundo.

Estoy leyendo la biografía de Nelson Mandela. Fascinante relato de sus años de cautiverio por defender sus ideas fuera de la ley sudafricana del *apartheid*. Mandela tuvo el sueño de una Sudáfrica sin segregación racial, democrática, con un gobierno de la mayoría, donde negros y blancos pudieran convivir en igualdad. En la ambición por alcanzar su sueño, se enfrentó al poder establecido, lo que le proporcionó 27 años de cárcel. Casi una cadena perpetua en la legislación española.

Mandela era un hombre ambicioso, inconformista, tenaz, convencido de que su causa justificaba cualquier sufrimiento personal. Tenía tan presente el sentido de su lucha, que cuando el primer ministro le comunicó que iba a ser liberado al día siguiente, protestó porque no le daban tiempo para organizar su salida e intentó negociar una semana de cautiverio más.

No me cabe duda de que Nelson Mandela, como otros grandes seres humanos, cometió errores en su camino, pero hizo una gran contribución a su pueblo y a la humanidad gracias a la convicción de sus ideas y a la ambición de forzar el cambio social que entendía necesario. Por eso es un referente para tantas personas y somos capaces de admirar su trayectoria vital.

Respondiendo a tu preocupación, me comentas con sorpresa el excesivo nivel de ambición de alguno de tus compañeros de trabajo. Te refieres con frecuencia a uno en concreto que quiere que le asignen los mejores proyectos. Se hace ver cuando los jefes piden opiniones. Anda moviendo Roma con Santiago para que la empresa le pague una estancia de tres meses en Italia con la excusa de perfeccionar sus conocimientos de arquitectura. Hace su ambición tan evidente que a ti te da pudor. Y dices que te irrita porque todos queréis lo que él pide, pero él tiene el descaro o la desfachatez (no recuerdo la palabra que usaste) de pedirlo en público y en privado.

Te parece, en definitiva, un ambicioso, un trepa que, lejos de merecerse tu consideración, debe ser reprobado. Me transmitías también tu sorpresa cuando la semana pasada el jefe le puso como ejemplo.

Acabas de plantear, Marta, el apasionante tema de la ambición. Me parece un tema de mucho calado porque, en mi opinión, la ambición es uno de los principales motores del ser humano. Hay otros, pero la ambición es uno muy importante.

Vivimos en una sociedad en la que la ambición pareciera estar mal vista. Como si fuera una cualidad de gente poco deseable. Constato que, para muchas personas, decir de alguien que es un ambicioso viene a ser como insinuar que es egoísta, insolidario, individualista y una mala persona.

Según mi Mapa del mundo, la realidad es muy distinta. La ambición tiene que ver con el hecho de querer, de desear algo superior con claridad y con energía.

La ambición es el deseo profundo de alcanzar una experiencia o el símbolo que la representa.

La persona egoísta, insolidaria e individualista no lo es por ser ambicioso; en todo caso lo es, además de ser ambicioso. De hecho conozco mucho egoísta que no es ambicioso y gente tremendamente ambiciosa y a la vez generosa.

Lo que está mal no es la ambición en sí misma. Más bien puede haber algo de peligroso en el foco mi ambición y en el hecho de que dañe a otros lo que estoy dispuesto a realizar por conseguir lo que me he propuesto.

Se pueden ambicionar muchas experiencias y muchos de los símbolos que las representan, como desarrollo personal y profesional, equilibrio entre la vida privada y la vida profesional, experiencias, dejar un impacto significativo en nuestra sociedad, ser parte de la solución en un mundo despistado o tener voz en determinados foros donde es importante estar. Del mismo modo, podemos ambicionar viajar, crear posibilidades y, ciertamente, también dinero o poder.

La ambición puede ser un maravilloso motor interno. ¿Qué te parece la ambición de seguir aprendiendo, de trascender, de ser útil, de apoyar a otros, de ser parte de la solución y no del problema? ¿Qué tal la ambición de mejorar la calidad de vida de tu entorno, de ser una persona cada vez más completa, de vivir experiencias nuevas y momentos interesantes? ¿La ambición de conocer el mundo y a la gente?

El compañero de trabajo del que hablas se ha atrevido a desear seguir aprendiendo y creciendo, ganar más dinero y tener más reconocimiento. Manifiesta su deseo públicamente. En principio, una pretensión encomiable. Todo depende después de los medios que utilice para ello.

Déjame que te cuente la historia de mi primo Elio para explicar cómo influye la ambición en los resultados que obtenemos:

> Cuando comienza esta historia, Elio era un chaval andaluz, como tú, que se vino a Madrid a estudiar en una escuela de marketing. La escuela en la que estudió no era de las mejores de Madrid. El título que ofrecía no era oficial, pero era un título. Las universidades oficiales exigían unos requisitos previos de calificaciones y pruebas de selectividad que Elio no podía presentar.
>
> Elio pasó durante cuatro años por esta escuela y cuando terminó se puso como tantos otros jóvenes a buscar trabajo. Todavía recuerdo el día que vino a verme a la Universidad donde yo trabajaba, dirigiendo la Escuela de Postgrado, y me dijo muy serio: “Lalo, a mí me preocupa mucho cumplir 30 años y no ganar nueve mil euros al mes”. Yo recuerdo que le sonreía y pensaba para mí: “Elio, no tienes ni media opción, pero está muy bien que apuntes alto”.
>
> En aquel momento, Elio tenía 23 años, no tenía trabajo ni sabía cómo iba a ganar dinero, pero sabía que quería mucho dinero.
>
> Después de mucho buscar, encontró trabajo en una empresa pequeña del sector hospitalario. La empresa se dedicaba a la

venta de consumibles hospitalarios del tipo de vendas, sondas, jeringuillas desechables, sillas de ruedas y cosas por el estilo.

En unos años entendió que donde se podía ganar dinero era en el mundo relacionado con el corazón: enfermedades coronarias, marcapasos, válvulas,... Se trataba de productos con mucho margen y mucha tecnología. Así que decidió ser un experto de ese segmento del mercado.

Elio estudió no solamente sus productos y los de la competencia: consultó libros que se estudian en la facultad de Medicina en la especialidad de Cardiología. También mantuvo infinidad de conversaciones con los especialistas sobre enfermedades coronarias y dolencias cardiacas. Veía unos vídeos donde la sangre lo llenaba todo, de operaciones a corazón abierto. En su afán por conocer el mercado, terminó de aprender inglés, del que tenía un conocimiento muy insuficiente. Esto le permitió acudir en nombre de su empresa a las ferias internacionales y entrar en contacto con fabricantes de todo el mundo.

Por no hacerte la historia larga, te cuento que Elio entró en contacto con un fabricante de válvulas coronarias y marcapasos que no vendía en Europa porque no tenía un canal de distribución. Como a su empresa no le interesaba ese negocio, Elio firmó un acuerdo con ellos, abandonó su empresa, montó su cuartel general en su casa con un ordenador conectado a Internet y un fax. Desde ahí creó una red comercial en toda Europa y Oriente Próximo. Viajaba tres de cada cuatro semanas, durante una parte importante del año. A nadie le extrañó que una vez creada la red de distribución apareciese otra empresa interesada en que representara sus productos para Europa y Oriente Próximo.

No hace falta que te diga que cuando cumplió treinta años, Elio no ganaba nueve mil euros al mes. Cómo ya te habrás imaginado, ganaba el doble. Como las empresas le pagaban en dólares fuera de España empezó a comprar acciones y pequeñas participaciones de empresas de biotecnología en Estados Unidos.

Cada vez que me encuentro a Elio, veo a una persona con un potente motor interno, que sabía lo que quería y se concentró en ello. No se conformó con menos de lo que realmente deseaba; se atrevió a desear, a querer. En su caso, deseó dinero y con él vinieron viajes, casas, experiencias y lo que yo creo que ha sido siempre más importante para él: el mayor número de posibilidades para sus hijos.

Pero como esto no es un cuento de hadas, también es cierto que pagó un precio en términos de cansancio, de días lejos de su mujer y de sus hijos, en términos de estrés y de disgustos. Aunque, en mi opinión, no fue un precio mayor del que pagan otras muchas personas que no consiguen tanto como consiguió él de lo que se propuso.

Elio fue un ejemplo para mí de claridad y enfoque en el objetivo. Es la representación personal de la proactividad, aplicada en su caso al enriquecimiento y al progreso profesional.

Me preocupa cuando escribo la historia de Elio que al leerla te hagas una idea equivocada. No defiendo que todos tengamos que desear lo que él desea. En realidad, destaco la claridad de ideas sobre lo que queremos, la energía y la convicción para conseguirlo y la actitud proactiva para hacer que las cosas ocurran en lugar de esperar impotentes a que algo pase.

No sé cómo terminará la historia. No sé a dónde le llevará su ambición. Obviamente, también hay cosas que veo en él que no me gustan. Tiene un punto de obsesión que no querría para mí. A veces intuyo una determinación en él que me hace sospechar que estaría dispuesto a hacer cualquier cosa por conseguir lo que quiere, pero es el miedo que nos dan las personas con esa determinación. Ojalá entienda que la ambición está bien mientras se mantenga dentro del marco de la ética, la legalidad y el equilibrio.

He visto esa ambición en otros momentos. Recuerdo una profesional de la empresa Phillips que dejó la empresa para apoyar en el terreno a una ONG en África. He conocido a personas en Costa Rica que dejaron sus vidas en España para instalarse allí y vivir la vida que habían soñado en lugar de renunciar ella. Mi compañero de colegio, Juan Ignacio, está a punto de recibir el Nobel de Física por sus investigaciones sobre el mundo cuántico. Todos ellos son personas ambiciosas que no se quedan en el deseo y actúan para alcanzar lo que desean.

Marta, la ambición nos mueve y nos dirige.

Recuerdo una cita del novelista escocés Iain Banks, que en su novela, *Cómplice*, iba más lejos. Él escribía que "la ambición y el egoísmo son los artífices de todo lo que ves a tu alrededor". No sé si es demasiado radical en su afirmación, pero resalta el poder hacedor de la ambición.

Habrás observado que hay muchas personas que tienen el motor de la ambición gripado y otras que lo tienen bien engrasado y a pleno rendimiento. La buena noticia es que, independientemente de cómo hayas cuidado ese motor hasta ahora, lo puedes poner a funcionar.

Si la ambición no es otra cosa que el deseo profundo y claro sobre algo, el primer paso es atreverse a desear experiencias concretas.

Atreverse a querer

Por algún motivo, lo cierto es que muchas personas no se atreven a querer nada. No se atreven a manifestar abiertamente lo que desean. El hecho de manifestar claramente ante otras personas lo que deseas, no es que sea imprescindible, pero hace que ese deseo sea más real y más claro el compromiso contigo de alcanzarlo.

Lo que deseo no es, ni más ni menos, que los objetivos que establezco para mí. Una vez que deseo algo, puedo convertirlo en un objetivo a alcanzar. Si no lo convierto en un objetivo alcanzable, directamente he renunciado a ello. Una cosa que he aprendido en estos años es que son muchos más los que abandonan que los que fracasan.

Tener objetivos claros no te garantiza el éxito. De hecho, nada te lo garantiza en términos de "darte garantías de que va a ocurrir", pero no tener objetivos claros te aleja de lo que quieres. Eso es seguro.

Otra cosa es que te va a compensar escoger bien los objetivos y las experiencias que deseas alcanzar. También reflexionar sobre la compatibilidad de tus diferentes objetivos entre sí.

En muchas ocasiones deseamos objetivos incompatibles. Además, si vas a compartir tu vida con alguien, me parece inteligente que intercambiéis información sobre qué desea cada uno en su vida. Es probable que tengáis que negociar.

Cuando ves a personas que realmente quieren algo y dedican su energía a conseguirlo, ¿qué crees que ocurre? Pues eso, que la mayoría de las veces consiguen lo que quieren. No siempre lo consiguen, pero el índice de éxitos es sorprendente.

Te aseguro que tener objetivos claros y bien definidos es absolutamente vital. Te ayudará tanto a alcanzar lo que quieres como a diferenciar lo importante, para ti, de lo menos importante o, simplemente, de lo accesorio.

Es importante para ti lo que te acerca a tus objetivos.

Si no tienes objetivos claros, ¿cómo sabes qué es importante para ti y qué no?

Aunque te parezca mentira, son muchísimas las personas que no tienen claro lo que quieren. James O´tool, en su libro *El liderazgo del cambio*, habla de la "certeza sonámbula" cuando se refiere al hecho de que muchas personas van por la vida como si supieran lo que quieren, por inercia, sin cuestionarse si la vida que llevan es la que realmente quieren vivir.

Ya Sócrates, hace dos mil cuatrocientos años, haciendo un alegato de la necesidad de reflexionar sobre la vida que vivimos, afirmaba que "una vida sin examinar no merece ser vivida". Venía a decir que si te da lo mismo ocho que ochenta, ir que venir, estar que no estar, ¿qué más te da vivir la vida que no?

Ambición y fracaso

Pero, ¿cuál crees que es la razón por la que muchas personas no se fijan objetivos ambiciosos? ¿Por qué no se atreven a concretar lo que quieren?

Lo has adivinado, ¿verdad?

Efectivamente, por miedo al fracaso. ¡Ah! Tremenda palabra. *¡Fracaso!*

Fíjate que lo que nos limita no es el fracaso en sí, es el miedo a que ocurra.

Sí, Marta, el miedo al fracaso nos invita a no ambicionar nada. La reflexión que venimos a hacer, de un modo consciente o inconsciente, es que "si no quiero nada, no puedo fracasar en lo que consiga. Lo que venga, vendrá". Pero la realidad es que, si no ambicionas nada, si no quieres nada, lo que es seguro es que tendrás resultados mediocres y lo más probable es que te sientas insatisfecha y, finalmente, con la conciencia clara de que has desperdiciado tus oportunidades.

¿Demasiado directo, Marta? Si quieres le pongo azúcar al discurso, pero la realidad es así desde donde yo la miro.

Ambición a la carrera

Hay otras razones para no fijar objetivos ambiciosos de las que también te prevengo. Una de ellas es que el proceso de definición de lo que uno quiere exige tiempo y la mayoría de nosotros vivimos a la carrera. En ese correr nos olvidamos de hacia dónde vamos.

Otra razón es que definir con claridad lo que quieres te obliga a elegir y, por tanto, a renunciar. A lo mejor has descubierto que te cuesta tomar decisiones y elegir entre las alternativas posibles. Quizás te consuele saber que hacemos cursos de varios días, varias veces en la carrera profesional de los directivos de empresa, para que desarrollen la capacidad de tomar decisiones.

Si elegir te resulta difícil, quizás te resulte aún peor lo de renunciar. Cada elección implica una renuncia. "Lo quiero todo" no suele funcionar. Así que tendrás que elegir entre lo que sea real para ti en cada momento.

Mi consejo, Marta: ¡atrévete a querer!

No renuncies a la ambición. Ni por humildad, ni por cobardía.

Atrévete a querer, sueña despierta y enfócate en conseguirlo.

Objetivos, ¿para siempre?

Qué presión. Tener que elegir lo que uno quiere así, en concreto, decidirlo así y, además, para siempre.

Espera, más despacio. Para quitarle dramatismo al proceso de definición de lo que quieres, debes saber que lo que deseas normalmente cambia a lo largo de la vida. No pasa nada por ello. Cambia tu realidad, cambia tu contexto, cambia tu sensibilidad hacia diferentes temas y también cambian tus objetivos y tus deseos, o la forma que te planteas de conseguirlos.

Lo importante es la claridad en lo que quieres, no que siempre quieras lo mismo. Lo importante es que camines con dirección, no que siempre transites el mismo camino o vayas al mismo lugar. Puedes cambiar de objetivos a lo largo de tu vida. De hecho, lo harás. No pasa nada.

En mi "Mapa" hay otra alternativa que indica que también puedes elegir en tu vida no querer nada concreto y fluir con los acontecimientos. Dejar que la vida ocurra y te sorprenda. Navegar en la dirección que el viento te lleve. Estar abierta a lo que pueda ocurrir. Aceptar lo que la vida te traiga, sin prejuzgar, sin esperar nada concreto. Puedes vivir haciendo de la confianza un valor personal.

Creo que también es una alternativa válida. Si elijes este camino, que sea conscientemente. Que sepas cómo has elegido vivir la vida. Acepta las consecuencias del juego y vive con responsabilidad tu elección.

Tres últimas notas cartográficas:

1.- **Lo que queremos es aprendido**. Hemos aprendido a desear y a querer determinadas cosas y no otras. Asegúrate de que lo que quieres lo quieres por ti y no por el bombardeo de imágenes que nos llega a través de la televisión, las revistas y el cine, o por lo que los demás esperan de ti. Diferencia lo que quieres tú de lo que quieren tus padres, tus amigos, los protagonistas de las películas o la "sociedad".

No digo que quieras necesariamente algo distinto; digo que quieras lo que de verdad tú quieres.

Aunque no es exactamente el mismo tema, a los profesionales les explicamos que lo que motiva a las personas también es aprendido. Hemos aprendido a motivarnos con determinadas cosas. Así que, teóricamente, podemos aprender a motivarnos con otras.

2.- **No confundas los símbolos con las experiencias**. Normalmente buscamos experiencias, pero muchas veces nos enfocamos en los símbolos que las representan. Así, queremos experimentar la felicidad y nos enfocamos en tener un gran coche o ropa de marca (que luego descubrimos que no nos hacen más, ni menos, felices). Queremos experimentar la abundancia y nos enfocamos en tener dinero (luego descubrimos que la abundancia no tiene que ver con la cantidad de dinero que tenemos, sino con cómo nos relacionamos con el dinero que tenemos, sea este mucho o poco). Queremos que nos quieran y soñamos con ser famosos, o salir por la tele a cualquier precio, pero eso no nos garantiza el afecto, ni el aprecio de la gente que nos importa, ni nuestro propio afecto.

Cuando te plantees qué quieres, piensa en las experiencias, no en los símbolos que las representan. Busca la experiencia.

3.- **Contraindicaciones de la ambición**. Tengo que advertirte, Marta, que muchas personas no están de acuerdo con este Mapa. Compañeros míos a quienes respeto mucho por su claridad en muchos temas, consideran que la ambición es mala de por sí. Que lo que yo defino como ambición se debería llamar *deseo de superación, inconformismo o autoestima*. Defienden estos compañeros que la ambición es lo que es y que no vale cambiar a mi antojo el significado de la palabra. Me animan a que acuda al diccionario de la R.A.E.[12] y aclare el concepto de ambición antes de seguir escribiendo.

12 Real Academia de la Lengua Española

Creen que las personas realmente ambiciosas optan por coger atajos. Terminan no respetando las reglas del juego y acaban haciendo cualquier cosa, ética o no, legal o no, con tal de conseguir sus objetivos.

Es cierto que ese riesgo existe. Si realmente deseas algo, corres el riesgo de ir a por ello de cualquier manera, a cualquier precio. Y eso es un error. Ni todo vale, ni se puede pagar cualquier precio por conseguir lo que uno quiere. Yo te animo a que seas ambiciosa, pero que la ambición no te desdibuje los límites del campo de juego.

Marta, el diccionario de la R.A.E. no soluciona definitivamente el debate sobre si *ambición* es la palabra correcta para este Mapa o debería buscar otra. A favor de los que me animan a buscar otra palabra, el diccionario define *Ambición* como el "deseo ardiente de conseguir poder, riquezas, dignidades o fama". Un punto para ellos.

Sin embargo, propone para *ambicionar* la siguiente definición: "Desear ardientemente alguna cosa" y para *ambicioso*, "Que tiene ansia o deseo vehemente de alguna cosa". Deja abierta, por tanto, la posibilidad de que la ambición sea sobre cualquier cosa, experiencia o sensación. Dos puntos para mí. Así que me quedo con el término *ambición*.

En cualquier caso, como te decía al principio de estos Mapas del Mundo, recuerda que podemos negociar y acordar el significado de las palabras. Una vez que sabemos a qué nos referimos con cada palabra, todo está bien.

La tesis que yo defiendo es que se puede ser ambicioso e íntegro a un tiempo.

Por si te resulta útil, te recuerdo que el verbo *querer* se deriva del latín *quaerere* (=buscar). Esa conexión resulta imprescindible. Se quiere realmente lo que se busca. Por eso no hay verdadera ambición sin perseverancia. La verdadera ambición es buscar lo que se quiere con perseverancia.

Recibe un ambicioso beso de tu padrino.

Pd. Te incluyo un extracto del cometario que recibo a vuelta de e-mail de François, de quien ya te he hablado en otro momento.

"...pero echo de menos hacer una mención a la perseverancia, que creo que es la habilidad que necesita soportar la ambición, en términos de actitudes, para que no nos desmoronemos en el arduo y trabado camino de conseguir lo que queremos. Te hablo de la perseverancia o constancia porque, siendo yo un tipo corriente, y en la creencia de que pertenezco al grupo más numeroso por goleada de los inconstantes, siempre he tenido mucha ambición (salvo error), pero las más de las veces me han tumbado la falta de perseverancia y la inconstancia. De hecho, como alguna vez te he comentado, a mis casi cuarenta y tres años todavía no sé lo que quiero ser de mayor y eso no ha sido un freno en mi ambición por ser mejor profesional, mejor padre, mejor músico, mejor cocinero o mejor persona, aunque aún me quede mucho por recorrer y aprender".

Cuando hablemos del *Mapa del éxito*, Marta, hablaremos de perseverancia, tenacidad y enfoque.

Nombre: Fecha:

A día de hoy, mis aportaciones cartográficas al Mapa de la ambición son las siguientes:

SEGUNDA PARTE:
Un objetivo claro y cuatro caminos efectivos

Los líderes se caracterizan, entre otras cosas, por su capacidad para alcanzar resultados con los recursos disponibles. El liderazgo esencial maneja también los conceptos de logro, meta, objetivo y propósito.

En esta segunda parte de *Mapas del Mundo* cartografío el territorio del éxito. He dibujado, además, los contornos de cuatro caminos efectivos para alcanzarlo: la excelencia, la responsabilidad, el compromiso y el respeto.

El líder esencial le da importancia al hecho de alcanzar su objetivo y a la forma en la que lo alcanza. A diferencia del líder puramente finalista, el líder esencial es un líder preocupado por el *qué* y por el *cómo*. Tiene un sentido ético de la vida. Afirma el experto en liderazgo James O'tool que el único liderazgo capaz de generar cambios es aquel que está basado en valores.

Esta preocupación por alcanzar los objetivos dentro del marco de juego establecido es frecuentemente vista como una debilidad por los líderes más agresivos: los halcones. Para estos, el cumplimiento del objetivo lo justifica todo. En realidad, para el común, la falta de escrúpulos de estos líderes finalistas resulta insufrible.

Desde el punto de vista de la eficacia, la preocupación ética en el liderazgo sería un problema si nos alejase de nuestro objetivo. Todo lo contrario. Un liderazgo ético es duradero en el tiempo. Los cuatro caminos que propongo son efectivos. La actitud de excelencia, la responsabilidad, el compromiso y el respeto generan confianza en el entorno de la persona y nos acercan a nuestros objetivos. En palabras del sociólogo americano Francis Fukuyama, incrementan el Capital Social.

Las personas, las empresas y las sociedades donde la confianza es un valor, se desarrollan más social y económicamente. Frecuentemente vamos a encontrar personas que cogen atajos, personas que hacen trampas con tal de alcanzar sus objetivos. Es una alternativa peor desde un punto de vista del bien mayor porque dinamita las bases de la confianza que permiten el progreso.

El mundo, las sociedades y las organizaciones empresariales de todo tipo son cada vez más complejos. Ante la ausencia de confianza proliferan los mecanismos de control y la burocracia. El liderazgo que necesita el mundo, capaz de mover voluntades y permitir el encuentro fructífero de los distintos países, será un liderazgo basado en principios. En las empresas no será distinto.

Los estudios sobre liderazgo que realizamos a través del OCHE (Observatorio de Comportamiento Humano en la Empresa) confirman que los profesionales desean ser dirigidos por personas que sean admirables, no solo por su capacidad para alcanzar los objetivos, sino por su forma de hacerlo. En estas condiciones, cuando son dirigidos así, los profesionales ponen lo mejor de su capacidad a disposición de la empresa.

Afirma Peter Drucker: "De los líderes se espera que den ejemplo. No deben comportarse como sabemos que nos comportamos todos; se espera que procedan como sabemos que debemos proceder nosotros"(13).

Desde mi Mapa del mundo, buscar el objetivo sin importar el *cómo* es mezquino, antideportivo y un mal negocio a largo plazo. Liderar también es mantenerse firme en el camino correcto. Esto implica una preocupación por los principios y valores sobre los que se soportan nuestras decisiones.

---

13 Peter F. Drucker. *Administración para el futuro*. Editorial Paramont. 1993. Pag. 117

4.

Mapa del éxito

Querida Marta,

Aquí estoy de nuevo armado de ordenador, mis gafas de présbite, mi visión del mundo y mi deseo de seguir compartiéndola contigo.

Los árboles de la Chopera han roto en flor. Los prunos se han pintado de rosa, los almendros de blanco nieve, las mimosas de amarillo. Los cipreses han terminado afortunadamente de polinizar el aire. Las especies de hoja caduca se han llenado de yemas a punto de abrir. La primavera está llamando a la puerta. Dar un paseo por las calles de la urbanización es un privilegio. Sigue haciendo frío, pero claramente menos que hace apenas unos días. Es fascinante ver cómo todos esos arbustos leñosos, que parecen sin vida durante el invierno, tocan a arrebato y retoñan haciendo un alarde de energía ecológica. Escribo en el porche cerrado de casa. Al otro lado de la ventana veo las ramas del lilo que en unas semanas se habrá cubierto primero de hojas y luego de racimos de las flores que le dan nombre. Los pájaros están alborotados intuyendo que llega la época de más exigencia vital para ellos. Son las siete de la tarde de este domingo y aún hay bastante luz fuera. A medida que el sol se pone, las sombras se alargan, los colores se van apagando y el jardín se transforma. Qué bello es el movimiento de la naturaleza viva.

Acaba de jubilarse un compañero tuyo de despacho y tienes el corazón un poco encogido. No le conoces mucho, pero te resulta fácil ponerte en sus zapatos. Una persona que termina su periplo profesional, que sin duda hará balance de lo que ha sido su trayectoria de más de 40 años de trabajo y se preguntará si todo ha merecido la pena.

Me comentabas que el director de la compañía decía en su despedida que la de tu compañero era una "historia personal de éxito". A ti te asaltaba la duda sobre si realmente había tenido una vida exitosa. Te gustaría, cuando llegues al final, mirar para atrás y poder afirmar algo así como: "Sí, mi vida ha sido un éxito. Ha merecido la pena".

Pero, ¿qué es el éxito? ¿Realmente merece la pena buscarlo? ¿Qué precio podemos pagar por conseguirlo?

Una cosa es tener éxito y otra es cacarearlo. El exceso de publicidad suele esconder una debilidad.

Me contaba Zamora Vicente, académico de la lengua, que el problema de la Academia es que hay mucha persona inteligente haciendo alarde de su inteligencia. Me decía, bajando la voz: "Lo bonito de la inteligencia es que no se note".

Me estoy yendo del tema.

En muchas ocasiones hemos preguntado a los participantes de nuestros cursos de liderazgo si el éxito es importante para ellos. La mayoría de los presentes suelen afirmar la importancia que tiene para ellos conseguir el éxito, pero siempre hay alguna persona que, ante la pregunta directa sobre si quieren tener éxito, no afirman ese deseo.

La razón por la que no tienen tan claro que tener éxito sea importante para ellos es que no saben a qué *éxito* nos referimos.

Para muchos de ellos, si *éxito* es tener una casa de 2.000 metros cuadrados, conducir un coche de 100.000 Euros y que las revistas hablen de ellos, no les interesa. O al menos eso dicen cuando se les pregunta; y yo les creo, entre otras cosas, porque a mí ese éxito tampoco me interesa. Entienden que éxito para muchas personas significa eso y ellos nos están especialmente interesados en él.

Esa pregunta con la que abrimos el debate sobre el éxito tiene como propósito negociar el significado de la palabra; ver si, una vez definido, es trascendental para nosotros y, en ese caso, ver cómo lo podemos conseguir.

Ahora te pregunto a ti, Marta: ¿es el éxito importantc para ti?

Tanto si la respuesta es "sí" como si es "no", ¿qué es tener éxito para ti?

Algunas de las respuestas que dan los directivos a la pregunta de qué es el éxito para ellos son: "ser feliz y hacer feliz a los que están a mi alrededor", "ser capaz de disfrutar de lo que tengo y lo que hago", "estar satisfecho con lo que hago", "conseguir lo que me propongo, si lo he conseguido en buena lid", "conseguir mis objetivos y el reconocimiento de mis jefes y de mi entorno", entre otras muchas contestaciones.

Podemos definir el éxito como "conseguir nuestros objetivos". De las diferentes definiciones de éxito con que me he encontrado, trabajamos frecuentemente con la que define el éxito como "tener mucho de lo que uno quiere".

Así de sencillo. Si quieres una familia feliz y cariñosa a tu lado y tienes una gran familia, tienes éxito en lo que quieres. Si quieres tiempo libre y tienes mucho tiempo libre, tienes éxito en lo que quieres. Si quieres mucho reconocimiento público y todo el mundo te reconoce, tienes éxito en lo que quieres. Y si quieres mucho dinero y tienes mucho, tienes éxito en lo que quieres.

En algunos cursos (curiosamente recuerdo en cursos impartidos al equipo de gobierno de una universidad) me piden que añada a la definición también el "ser mucho lo que uno quiere ser". Ninguna objeción por mi parte. En esta concepción del éxito, de alguna forma, el ser mucho lo que uno quiere ser está incluido en la primera definición. Puedo querer mucha autenticidad en mi vida, mucha honestidad en mi comunicación interpersonal o mucha integridad entre lo que quiero ser y lo que soy. Si lo logro, tengo éxito.

En otras ocasiones algunos participantes discuten la presencia del término *mucho* en la definición "Tener mucho de lo que uno quiere". ¿Por qué *mucho*?, me preguntan. ¿Por qué no definir éxito como "tener suficiente de lo que uno quiere", o sencillamente "tener lo que uno quiere"?

Desde mi punto de vista, el éxito implica abundancia. Por ejemplo, si yoquiero tiempo libre para dedicarlo a mis aficiones y tengo una hora al mes, ¿podría afirmar que tengo éxito en lo que quiero? Tengo algo de lo que quiero, pero, ¿suficiente como para decir que tengo éxito en mi objetivo?

Otra cosa es que el valor de *mucho, suficiente o poco* lo establezca cada uno. Si yo quiero tiempo libre, a mí me corresponde calificar si el tiempo libre del que dispongo es mucho o no.

Bueno, ¿qué te parece? ¿Podemos aceptar como definición de *éxito* "tener, y ser, mucho de lo que uno quiere"?

Habrás concluido ya que, para poder experimentar el éxito, es fundamental saber qué quieres.

Marta, aunque te parezca mentira, las personas que no saben lo que quieren son legión. Quizás lo puedes observar en los amigos que has conocido o en tus nuevos compañeros de trabajo. ¡Ah!, y si crees que con la edad se va ganando en claridad, te equivocas. Entre los adultos, el porcentaje de sonámbulos vitales es igual de elevado que entre los jóvenes con los que te has relacionado hasta ahora, solo que lo disimulan mejor.

Lo de saber lo que quieres ya te suena ¿verdad? Cuando hablamos de la ambición, te escribí sobre la importancia de aclarar lo que queremos, como paso previo para poder conseguirlo.

No obstante, tengo algo más de información relevante que quiero que consideres.

Decíamos que la razón por la que muchas personas no se fijan objetivos ambiciosos es fundamentalmente por miedo al fracaso.

Profundicemos un poco en esta idea.

El miedo al fracaso arranca de la idea de que, si no cumplo los objetivos claros y bien definidos que yo mismo me he puesto en mi vida, habré fracasado.

Puede parecer coherente, pero mi Mapa del éxito no dice eso. Es más, este Mapa te propone un camino de pensamiento alternativo.

El propósito de los objetivos es darnos una dirección

¿Cómo te suena si afirmo que los objetivos no los fijamos para ser cumplidos?

Suena raro, ¿verdad? Imagínate la cara de los directivos veteranos cuando hago esta afirmación. Piensa que la mayoría de ellos, como te ocurre a ti ahora, tienen una parte de su sueldo vinculadas al cumplimiento de objetivos. Así que, si los objetivos no están para ser cumplidos, ¿los sueldos variables no están para ser cobrados?

No voy por ese camino.

Lo que te propongo es que recuerdes cuál es la finalidad esencial de los objetivos. Su propósito, su función, su utilidad. En mi opinión, los objetivos son un instrumento que usamos para caminar por la vida. No son una finalidad ni un destino.

Si el propósito fundamental de un objetivo no es que lo cumplamos, ¿cuál es?

Los objetivos no están, como afirman muchos profesionales, para intentar alcanzarlos. Ni para que nos acerquemos lo más posible.

Sí, Marta, los objetivos los fijamos para tener una dirección bien definida hacia la que caminar. Un sentido, una orientación en la que enfocarnos y poner nuestra energía.

Pregúntate lo siguiente: ¿qué has hecho en tu vida cuando has cumplido un objetivo?

Inmediatamente has querido fijarte otro, ¿verdad? Si los objetivos fueran lugares de llegada, nos quedaríamos en ellos. En realidad, en cuanto alcanzamos un objetivo, los seres humanos nos fijamos otro para seguir caminando.

A los directivos les explicamos que los objetivos menores, esos por los que nos pagan a fin de año si los cumplimos, si están bien fijados, son hitos del camino que nos permiten verificar que vamos en la dirección correcta.

Así que, eliminado el miedo a no cumplirlos, puedes ser todo lo honesta que quieras en la definición de objetivos porque los estás fijando básicamente para tener una dirección clara en la que enfocarte.

Por ejemplo, en el ámbito profesional, yo quiero que INFOVA tenga lo que nosotros llamamos un "Centro de Alto Rendimiento Directivo[14]". Para que te hagas una idea, pienso en una finca de unas 150 a 300 hectáreas, con instalaciones para poder hacer formación dentro y fuera de la sala. Un espacio donde hacer reuniones con un clima muy especial, donde se pueda tener intimidad y montar encuentros creativos y de toma de decisiones. Un lugar para poder hacer formación de muchos tipos, donde los participantes se puedan quedar a dormir y puedan disfrutar, en un clima especial, de las horas libres fuera de las sesiones de formación o reflexión.

Eso es lo que quiero y, mientras ese sea un objetivo para mí, como director de la empresa, sé qué tipo de personas quiero en la empresa, en qué tipo de formación quiero involucrarme, qué tipo de contactos debo cuidar, en qué quiero invertir los beneficios de la empresa, etc.

No tengo la seguridad de que algún día tengamos ese Centro; ni siquiera tengo la seguridad de que dentro de unos años sigamos queriendo un centro como ese. Puede ser que en un tiempo decidamos que es mejor tener una estructura itinerante para poder hacer ese tipo de formación en cualquier parte del mundo. O puede ser que decidamos que es mejor asociarnos con quien ya tiene un lugar como el que buscamos. Pueden ocurrir muchas cosas y nuestro pensamiento puede ir en varias direcciones, pero de momento la idea clara de crear un "Centro de Alto Rendimiento Directivo", como lo hemos definido, es un objetivo que me da una dirección clara, que me orienta la actividad cotidiana. No hay navegación con éxito si no mantienes el rumbo claro.

Por tanto, fija objetivos con la tranquilidad de que estás creando un instrumento para darte dirección, no construyendo una vara de medir tu éxito o tu

14 Después de escribir la primera versión de estos Mapas del Mundo compramos una finca a 80 kilómetros de Madrid para crear este centro de Alto Rendimiento Directivo. Se puede ver el centro en www.fincalaarena.es Para mí es un sueño cumplido. He mantenido el ejemplo en el texto escrito como un deseo porque así lo escribí tres años antes de comprar la finca, cuando era un sueño improbable y casi disparatado para el tamaño de INFOVA y nuestra capacidad financiera.

fracaso. Si son claros y están bien definidos, guiarán tu camino. Probablemente se irán redefiniendo de alguna manera según pasen los años.

En mi caso, he querido y quiero muchas cosas. Entre otras, quise crear una empresa de la que nos sintiéramos orgullosos, generar empleo, contribuir al desarrollo de otras organizaciones, compartir un modelo de empresa más humano, más responsable, más divertido, más creativo. Me empeñé en ganar dinero de una forma que tuviera sentido para mí. También he querido editar libros y escribirlos, expresarme por diferentes medios, contribuir a hacer un mundo más digno desde mi lugar. Escalar montañas y aprender a navegar. Educar a mis hijos, dejarles un legado inmaterial, crear un entorno de felicidad con Irene para ellos. Cosas muy distintas que a mí me satisfacen y dan sentido a mi vida.

El agradecimiento y el éxito son compatibles

Esta afirmación parece una obviedad, pero no lo es.

Una vez que hayas fijado tus objetivos, te animo a que no caigas en la trampa de vivir con ansiedad el cumplimiento de los mismos. Muchas personas creen que la rabia por no haber alcanzado aún los objetivos previstos es fundamental como fuente de energía para seguir luchando por ellos. Creen que si dejan de sentir esa ansiedad y esa rabia se empezarán a conformar, se acomodaran y dejarán de avanzar en sus propósitos.

Permíteme que me explique a través de un ejemplo:

Mi amigo Alberto es una bellísima persona. Muy brillante. Una de las mejores cabezas que conozco. Con una capacidad de trabajo, una tenacidad y un afán de superación muy por encima de la media.

Alberto tiene mucho de lo que un profesional puede desear: un puesto de muchísima responsabilidad en una de las mayores empresas de este país, un gran sueldo, una pareja fantástica que además gana mucho dinero, tres hijos maravillosos y sanos, una buena casa, un precioso apartamento a cinco minutos de las pistas de esquí del Pirineo, disfruta de viajes a los mejores destinos, tiene buenos amigos, salud y en su entorno más próximo hay problemas, pero ninguno de ellos especialmente grave.

Desde mi punto de vista, Alberto podría sentirse orgulloso y feliz de la vida que ha conseguido y agradecer cada mañana la suerte que tiene. Pero lo cierto es que, frecuentemente, le escuchas quejarse de algo. Es fácil escuchar su disconformidad sobre cómo están las cosas y su necesidad de cambiarlas y mejorarlas. No se quiere conformar. Te aseguro que ha luchado mucho para disfrutar de su situación. Pero, en su opinión, nada está suficientemente bien.

He concluido, después de haber hablado muchas veces con él, que Alberto tiene la creencia de que si disfruta plenamente de lo que tiene, corre el riesgo de conformarse y, si se conforma, dejará de mejorar lo que ya tiene.

Aunque parezca absurdo, actuamos así. Frecuentemente no disfrutamos lo que tenemos por miedo a conformarnos. Muchas personas encontramos en el inconformismo la energía que necesitamos para cambiar las cosas.

Más o menos, funciona de esta manera:

Mi amigo Alberto hace su situación insoportable dentro de él para tener la energía que le permita mejorar la situación. Lejos de dar gracias por lo que tiene, se queja de que su sueldo no es todo lo alto que debería ser, su reconocimiento insuficiente, su trabajo es excesivo, su horario infinito. Así, va cogiendo vapor dentro de él. Cuando ya la situación se le hace insoportable, encuentra la energía que le permite tomar medidas para cambiarlo en la dirección que él desea. Quizás habla con su jefe o con su mujer, exige cambios, comparte su malestar, dramatiza de forma muy convincente y transmite su necesidad de cambiar las cosas.

Y, ¿sabes qué? La estrategia produce resultados. Efectivamente, Alberto lleva una magnífica carrera llena de mejoras en su ámbito personal y profesional y su creencia es que mucho de ello se lo debe a su actitud de insatisfacción e inconformismo permanente. Además de ser excelente en su trabajo, claro.

Lo que también es cierto es que paga un enorme precio por seguir esa estrategia. El precio de no disfrutar plenamente de lo que tiene. El precio de estar eternamente insatisfecho. El precio de sentirse frecuentemente infeliz, por no hablar de los precios que pagan quienes comparten con él la vida.

El alto precio de la estrategia de la insatisfacción

Si mi Mapa es correcto en este punto, Marta, el precio de la estrategia de la insatisfacción es altísimo. Solo vas a vivir una vez. Vivir en permanente estado de insatisfacción teniendo tanto, además de un error, es poco inteligente. Lo curioso es que de mi amigo Alberto nunca dirías que es poco inteligente.

La estrategia de la insatisfacción permanente no es buena para mí, sobre todo porque hay alternativas mejores.

Sí, Marta, puedes disfrutar de lo que tienes sin olvidarte de lo que quieres. Puedes dar gracias por lo que tienes sin dejar de querer algo distinto. ¡Buena noticia!, ¿eh?

El antídoto contra el conformismo no es la insatisfacción permanente; son los objetivos claros, el enfoque y la tenacidad. Si yo sé lo que quiero, no me conformo con lo que tengo. No necesito el malestar interno para acordarme de que quiero algo distinto a lo que tengo. Me basta con tener claridad en los objetivos y enfocarme en conseguirlos. Es más, en mi opinión, agradecer, celebrar y disfrutar lo que consigo me coloca en la mejor posición para seguir persiguiendo mis objetivos. El agradecimiento es motor de entusiasmo. Y el entusiasmo y la tenacidad son parte esencial de la base sobre la que se construye el éxito.

El antídoto contra el conformismo son objetivos claros y firmeza en tu propósito de conseguirlo. Ninguna de las dos cosas, ni la claridad ni la firmeza, tienen nada que ver con el malestar personal.

La firmeza es la energía y tenacidad con que buscas tus objetivos. Forma parte del carácter. Se puede educar, se puede desarrollar.

La clave que podemos recordar dice: “Disfruta lo que tienes, disfruta lo que eres y sigue caminando hacia lo que quieres”. Así de sencillo y a la vez de complejo.

Otra clave importante que te acercará al éxito en tus objetivos es la actitud de excelencia. Pero esto ya es capítulo aparte.

Una última cosa de momento, Marta. Cuando consigas el éxito, cuando tengas mucho de lo que quieres, que el éxito no te emborrache. Disfruta lo que tienes a pleno pulmón, con agradecimiento y con humildad. Recuerda que las circunstancias cambian y que siempre hay un margen de imponderables, de factores que quedan fuera de tu control. La suerte a veces se da la vuelta.

Procura también que el éxito no cambie tu percepción sobre los demás. Hay pocas personas más insufribles que el exitoso que va de triunfador por la vida, achacándolo a sus envidiables cualidades.

Te recuerdo también que el *éxito* procede del latín *exitus* (= resultado, salida). Todavía en inglés se guarda esa identificación. No está mal tenerlo en cuenta. El éxito solo se mide al final, cuando se comprueba. Lo que sí podemos hacer al principio es marcar la orientación que nos conduzca a lo deseado. Recuerda: "se hace camino al andar".

Te recuerdo unos versos del conocido poema de Antonio Machado. Mis hijos ya lo han leído en el colegio. Pero sospecho que, a fuerza de escucharlo, no reparamos en su significado.

Caminante, son tus huellas
el camino y nada más;
Caminante, no hay camino,
se hace camino al andar.
Al andar se hace el camino,
y al volver la vista atrás
se ve la senda que nunca
se ha de volver a pisar.
Caminante no hay camino
sino estelas en la mar.

Trabajo para ti:

Reflexiona sobre lo siguiente:

1.- ¿Qué tienes? Reconócete lo que tienes en diferentes ámbitos de la vida.

En el ámbito personal, familiar, salud.
En el ámbito profesional, laboral.
En el ámbito de las relaciones.
En el ámbito del desarrollo personal.

2.- Da gracias por lo que tienes.

¿A quién? A quien tú quieras.
Disfruta lo que tienes.

3.- ¿Qué quieres cambiar?

¿Qué quieres tener que no tienes? ¿Qué quieres ser que no eres?
¿Qué quieres sentir que no sientes?

4.- ¿Cómo lo vas a hacer?

Si pasas de esta página sin contestar a las preguntas, es posible que nunca las contestes. También es cierto que si esperas a continuar leyendo para contestar a estas preguntas, quizás nunca recuperes la lectura. Seamos ambiciosos. Corramos el riesgo. No pases este Mapa hasta que reflexiones por escrito sobre lo que quieres cambiar y sobre cómo lo vas a hacer. No tienes que escribir una tesis doctoral, pero sí dar una respuesta.

Si no contestas a estas preguntas por no haber encontrado el tiempo o la claridad suficiente para hacerlo, seguir leyendo no te va a servir de mucho

¡Venga! seguimos en contacto.

Un fuerte abrazo.
Tu padrino.

Pd. Hace unos días Alejandro, un amigo reciente, me compartía que tiene un hijo de siete años que aún no camina ni habla. Por lo visto Gonzalo tiene una característica genética, una alteración en un cromosoma, que retrasa el desarrollo de capacidades que otros niños adquieren en los primeros tres años de vida.

Los padres de Gonzalo hacen un trabajo encomiable y siguen tomando sus decisiones, organizando su vida y su economía alrededor del mejor cuidado de su hijo. Este se los come a besos y abrazos. Cuando juega, canta continuamente. Suponemos que es feliz en su mundo. La situación de Gonzalo está presente también en la vida de su familia extensa. Me contaba Alejandro que han aprendido a disfrutar como padres de lo que es real en cada momento, una sonrisa, un abrazo, una risa, sin esperar a que nada cambie a corto plazo. Es duro para ellos, pero ahí están, haciendo lo mejor que saben.

Irene y yo tenemos cuatro niños sanos y fuertes. Como ves, la vida nos da la oportunidad cotidiana de agradecer lo que tenemos y no perdernos en estupideces.

Nombre: Fecha:

A día de hoy, mis aportaciones cartográficas al Mapa del éxito son las siguientes:

5.

Mapa de la excelencia

Querida Marta,

Estoy consternado y triste con el terremoto y el tsunami de Japón. Las miles de personas desaparecidas y la amenaza de un accidente nuclear. Cuando estuve en Tokio, camino de escalar el Fujiyama, nos explicaron que la ciudad que veíamos era la última reconstrucción de las muchas que ha habido a lo largo de su historia. Parece que, periódicamente, grandes terremotos devastan la ciudad y la incendian. Como consecuencia, han aprendido a construir edificios con una alta tolerancia a los movimientos sísmicos. Aun así, a pesar de la preparación nipona, ya has visto cómo el mar ha arrasado pueblos enteros y ha hecho navegar a los barcos por las calles de algunas ciudades costeras.

De los distintos tipos de inteligencia del ser humano, me resulta muy atractiva la inteligencia ecológica. La inteligencia para relacionarse con el medio de una forma efectiva. Debemos ser el único animal que no es capaz de leer correctamente las señales ambientales. Nos hemos vuelto tan civilizados, tan asfaltados dentro de nuestras casas y nuestras ciudades, que le hemos dado la espalda a la naturaleza salvaje que ya solo vemos en los documentales de *National Geografic.*

En 1968, los astronautas del Apolo 8 hicieron una foto del planeta Tierra cuando terminaban de dar la vuelta a la luna. Pocos meses más tarde, Lovell tomaría la primera foto en color de la Tierra desde la luna. Comentaron que era el único punto azul que veían en la inmensidad del universo. Compartieron con el mundo la sensación de privilegio que significaba habitar la Tierra. Dicen que esa foto archi-reproducida en todo el mundo fue el pistoletazo de salida de la conciencia ecológica en el planeta. Vivimos en un mundo inteligente y frágil que hay que cuidar.

Andas preocupada con la calificación de tu trabajo. Te gustaría saber si estás haciendo un buen trabajo, si es suficiente o tendrías que hacer más. Me cuentas que hacéis, como equipo, un gran trabajo, pero que, a pesar de todo, muchas veces no conseguís alcanzar el objetivo previsto. Has experimentado ya la frustración de hacer lo mejor que puedes y ver que no es suficiente.

Te cuestionas si estáis trabajando mal. Si es que no sois las personas adecuadas, si os faltan recursos, si estáis mal dirigidos, o es cualquier otra razón. En definitiva, me decías la última vez que nos vimos, te gustaría saber si estáis en el buen camino a pesar de que los resultados no os estén acompañando.

Grandes dudas, Marta.

Permíteme que te hable de la excelencia. A ver si soy capaz de aportarte algo de claridad.

Ayer estuve dibujando un rato. Hace unas semanas me acerque a la tienda de dibujo más completa de nuestro pueblo. Las Rozas no deja de ser un pueblo, afortunadamente. Es una de esas tiendas que tienen todo tipo de material de dibujo y escritura, papeles de muchos tipos: para acuarela, para pastel, para carboncillo, para óleo. Encuentras pinceles para profesionales y para aficionados, todas las plumas, quince tipos de gomas, mil clases de lápices, infinitas carpetas y cuadernos. Es una de esas tiendas mágicas que, cuando entras, te sientes bien. Todo está limpio y en orden. Huele bien. Huele a creatividad, a ingenio, a arte, a magia,… O al menos para mí tiene ese aroma.

Compré unos materiales para pintar: cuadernos, lápices, pinceles, acuarelas y una caja de pinturas pastel.

Hace tiempo que ando con ganas de empezar a pintar. Debe ser que con la edad me he puesto creativo. O quizás, lo más probable, me he puesto trascendente. Ya ves, cada uno lleva las crisis de la edad como puede.

El caso es que hice una serie de pruebas para ver cómo funciona lo de las acuarelas y la técnica del pastel. Independientemente del resultado de las pruebas, me lancé a crear mi primera obra. Copié el paisaje que venía en las instrucciones de la caja de acuarelas. Se trataba de una casa baja sobre un campo de tonos marrones y ocres, con unos árboles en verdes grisáceos y un cielo como de tormenta.

La acuarela es puñetera. No es una técnica sencilla para el pincel inexperto. Resulta complejo corregir la pincelada una vez dada y los colores no se reflejan en el papel como tú los ves en la paleta.

Tuve problemas varios con la mezcla de los colores, el orden de las pinceladas, la elección de los pinceles,... En definitiva, me encontré muchas sorpresas. El resultado fue unas apasionantes horas de descubrimiento, experimentación y diversión creativa.

Y, ¿sabes qué? Puedo afirmar que mi trabajo fue excelente. Mi primera obra y ya era excelente. ¿Qué te parece?

Espera. No te rías. Estarás pensando que tu padrino es un fantasma.

No me crees, ¿verdad?

Pues voy a ir más lejos. ¿Puede ser que mi obra, mi pintura, fuera excelente y una de Dalí o Picasso no?

En mi opinión sí, desde el significado que le quiero dar a la palabra *excelencia* en este Mapa.

Ya cuando tratábamos sobre el éxito, apareció la palabra excelencia. Te decía en ese momento que la actitud que te acercaría al éxito es la excelencia.

Hay varias formas de definir la excelencia. A nosotros nos gusta definirla como "la actitud de dar el ciento por ciento de tu capacidad en cada momento".

Cuando yo hago un trabajo excelente es cuando he dado mi ciento por ciento. Es decir, he hecho lo mejor que he podido y he sabido.

Fíjate que, como la definimos, **la excelencia no es un resultado, es una actitud.** Esta es la clave.

Insisto, no estoy hablando de la excelencia como resultado, en cuyo caso sería excelente aquel resultado que sobresale positivamente entre otros resultados de la misma especie y no tiene errores. Superar lo que se espera como estadísticamente normal. Eso es lo que significa "excelencia" en su origen. Según el Diccionario de la R.A.E.: "Excelencia: Superior calidad o bondad que constituye y hace digna de singular aprecio y estimación en su género una cosa".

Entendida la excelencia como actitud, descubres que puedes hacer un trabajo excelente, hacer lo mejor que puedes, y el resultado, a pesar de ello, no ser suficiente. Cuando hablamos de la búsqueda de la excelencia como resultado, lo que la gente busca es la "perfección", "cero errores" o cosas parecidas. En mi experiencia, la perfección como tal no existe; todo se puede hacer algo mejor. La perfección sencillamente no es humana. La excelencia sí.

Marta, no te enfoques en el resultado. Si has dado lo que podías dar sin reservarte nada, eso es excelente, independientemente del resultado.

En cuanto al resultado, por pura lógica, si tú haces lo mejor que puedes, el resultado será el mejor de los posibles para ti en ese momento, con los recursos, la información y el tiempo que tenías. Lo que, sin ser perfecto, es siempre tu mejor opción.

¿Te imaginas cómo sería el trabajo de tu equipo si todos los miembros dieran el ciento por ciento de su capacidad? ¿Te lo imaginas?

Efectivamente, no sería perfecto; sería, simplemente, excelente.

Mi creencia es que **la excelencia**, como tantas otras actitudes, **se elige**.

El mapa de la excelencia de otras personas dice que, para ser excelente, tienen que darse determinadas circunstancias. Lo que vienen a decir esos Mapas es que, si no soy excelente, no es mi responsabilidad, sino culpa de las circunstancias o, para ser más precisos, de quienes crean esas circunstancias. En mi opinión, esos Mapas están mal cartografiados.

La excelencia no depende de las circunstancias, depende de nosotros

Nadie la puede elegir por ti. Tus profesores o tus padres en el pasado, tus jefes y tus compañeros ahora, pueden crear las condiciones para que te resulte fácil elegir una actitud de excelencia, pero, si eliges esa actitud u otra, es cuestión tuya.

La responsabilidad de los jefes, los padres o los profesores es crear las mejores condiciones para facilitar la elección de excelencia en sus colaboradores, sus hijos y sus alumnos. La responsabilidad de cada uno de nosotros es elegir la actitud más adecuada en cada caso.

En las peores circunstancias puedes elegir ser excelente. En las mejores, te resultará más fácil, pero aun así te exigirá conciencia clara de elegir hacer lo mejor que sabes.

Marta, si no lo has descubierto ya, lo descubrirás pronto: la vida está llena de mediocres o, mejor dicho, de personas con un alto potencial que eligen actuar de manera mediocre.

Una característica de la mediocridad es que tiene mil excusas. Mil razones por las cuales, quienes han elegido el lugar de la mediocridad, no pueden dar más de sí.

Otro lugar común de la mediocridad es que le gusta criticar a quien trata de hacerlo mejor. La mediocridad tiende a ser mezquina.

Ya habrás descubierto que la vida es tan variada que te ofrece todo tipo de razones para justificar lo que quieras, desde lo más excelso a lo más canalla. Todo se puede justificar desde algún punto de vista.

Unos pocos eligen ser excelentes y dar lo mejor de sí mismos y desarrollar todo su potencial.

Te preguntarás por qué unas personas eligen ser excelentes y otras no. Honestamente, no lo sé. Lo que sí sé es que la elección de la actitud de excelencia, como la elección de cualquier otra actitud, se puede elegir de una forma consciente, sabiendo que la estas eligiendo, o de una manera más inconsciente o intuitiva.

En la mayoría de las ocasiones, las personas sin una información adecuada al respecto eligen sus actitudes de una forma espontánea, en función de las condiciones en que se encuentran. En el mundo de la empresa decimos que actúan de una forma reactiva. Es decir, que su actitud es una reacción a lo que ocurre en su entorno, reaccionan a sus circunstancias.

Pero, con la información adecuada, las personas toman conciencia de que pueden elegir. Es más, descubren que tienen el privilegio de pertenecer a la única especie de seres vivos sobre la tierra que pueden elegir su actitud y su respuesta, independientemente del estímulo que reciben o de las circunstancias en que se encuentran.

En esto, Marta, consiste la libertad, en la posibilidad de elegir. Pero de esto hablaremos más adelante.

Y cuando las personas se dan cuenta de esa posibilidad, empiezan a elegir las actitudes que mejor les funcionan, las más efectivas para ellas. Así empiezan a optar por la excelencia como actitud, porque se dan cuenta de las ventajas que esta actitud les puede traer.

Esto es lo que llamamos el ***Principio de elección.*** Ya te lo contaré más despacio, pero te adelanto que está directamente vinculado a procesos como la motivación, la gestión interna del cambio, el manejo de los problemas y los conflictos, la gestión de la ansiedad y muchos otros.

La excelencia y el juicio

Para terminar este Mapa, sin pretender agotarlo, déjame que complete la información con una última reflexión.

La distancia que hay entre la excelencia y la perfección se llama "juicio". Veras, funciona más o menos así: Yo hago lo mejor que puedo y doy mi ciento por ciento en un proyecto, pero el resultado no es el que yo quería o no es el mejor de los hipotéticamente posibles, así que empiezo a juzgar lo que debía haber hecho y no hice o lo que debía haber sido capaz de hacer y no fui capaz; y empiezo a juzgarme por no haber alcanzado el resultado que yo esperaba.

En ese juicio siempre salimos condenados y culpables.

Lo que te propongo que hagas en un caso así es que analices honestamente si lo que hiciste fue lo mejor que supiste y pudiste en ese momento, con la información que tenías y en las circunstancias en que te encontrabas. Si tu respuesta es que sí olvídate del resultado: hiciste un trabajo excelente. Si tu respuesta es *no*, mira a ver qué puedes aprender para la próxima vez; toma nota y sigue caminando.

Te invito a que no juzgues con la información y las experiencias que tienes hoy lo que hiciste en el pasado cuando tenías menos información y menos experiencia. Ese juicio no es justo.

Afirmo que no es justo pero es de una frecuencia abrumadora en las relaciones humanas al uso. Vemos incluso echar en cara al otro lo que alguien de su nacionalidad hizo en tiempos pasados (o que militó bajo las misma siglas políticas o religiosas en las que él hoy milita), en circunstancias y con informaciones absolutamente diferentes. Es moneda diaria, falsa desde luego, pero que circula y se trata de colar como buena.

Que yo juzgue lo que hice hace 19 años con la información que tengo ahora no tiene otro sentido que aprender con la perspectiva que da el tiempo. Lo puedo valorar si quiero, pero juzgarme por ello no me va a aportar nada.

Por cierto, estoy cayendo en la cuenta de que hace exactamente 19 años me casé con tu prima. Podría haber puesto otro ejemplo, ¿verdad? ¡Glup! ¿Qué diría Freud de esto?

En fin Marta, te deseo un excelente fin de semana.
Un beso.

P.d. Ayer asistí a la cena de conmemoración de los 25 años que terminamos el colegio. Una cena entrañable, llena de reencuentros, recuerdos divertidos, experiencias compartidas durante once años. Buenos amigos que por diferentes razones he dejado de ver durante muchos años. Tuve muchas gratas sorpresas. Álvaro, Pablo, Juan Ignacio, Paco, Rafa y muchos otros.

Ya en la despedida coincidí con José Antonio, un compañero al que apodamos "el oso" por su envergadura, con quien tuve un desencuentro en un partido de baloncesto con la selección del colegio hace treinta años. No recuerdo el motivo de la discusión. El caso es que José Antonio me lanzó una patada que impactó en mi mano, produciéndome una pequeña lesión en un dedo. Honestamente, no soy capaz de recordar ni cuánto tiempo tuve el dedo inmovilizado ni si afectó a mi vida corriente de alguna manera.

El caso es que él ahora está momentáneamente en proceso de recuperación en una silla de ruedas con una tibia rota. Al verle en esa tesitura, recordé lo sucedido y le comencé a mencionar la anécdota: "José Antonio, tú no te acordarás, en un partido de baloncesto…". Para mi sorpresa, me interrumpió apesadumbrado: "Sí, tío, te di una patada y te lesioné una muñeca…". Entonces le pregunté cómo se podía acordar de eso: "Que me acuerde yo, que me lesioné, lo entiendo, pero ¿cómo te puedes acordar tú?". Contestó: "Claro que me acuerdo y aún me duele ese recuerdo".

Hace treinta años él y yo hicimos lo mejor que supimos entonces, con la información que teníamos, nuestro nivel de madurez y las circunstancias en las que estábamos. Hoy somos distintos y haríamos cosas diferentes.

En cualquier caso, José Antonio, te agradezco la lección de cariño que me diste ayer.

Nombre: Fecha:

A día de hoy, mis aportaciones cartográficas al Mapa
de la excelencia son las siguientes:

6.

Mapa de la responsabilidad

Hola Marta,

Ayer estuve escuchando en la radio un programa glosando la vida de Monseñor Romero, un sacerdote católico salvadoreño que fue asesinado en 1980 por unos miembros de los cuerpos de seguridad del Estado, por defender desde el púlpito de su iglesia los derechos de los campesinos.

Lo más interesante de este ser humano ejemplar es la evolución de su pensamiento. Pasó de ser un sacerdote ortodoxo, muy próximo a los argumentos oficiales del Vaticano y de la oligarquía de El Salvador, a convertirse en uno de los más firmes representantes de la teología de la liberación en Latinoamérica, defendiendo la opción preferencial de los pobres. La muerte por asesinato le encontró defendiendo lo que creía justo, enfrentado al poder oficial civil y también al religioso.

Siempre me resultan atractivas las personas capaces de cambiar de punto de vista según van teniendo más información. Ese cambio se produce en todas las direcciones. Personas muy de izquierdas que hoy son la voz de la derecha más escorada y personas de pensamiento muy conservador que terminan encontrando su lugar ideológico en la izquierda radical. Ese tipo de movimiento me da la pista de que, en asuntos complejos, normalmente no hay una sola verdad, por más que hay principios y valores que están por encima de cualquier planteamiento.

Es curioso que, en lugar de aplaudir la flexibilidad mental de quien cambia de posición intelectual y observar ese movimiento como un signo de madurez y como el resultado de la experiencia vital acumulada, el mutante es tachado de chaquetero, desleal e inconsistente. Es calificado así por quien nunca ha cambiado de parecer, claro.

En cualquier caso, recordando a Monseñor Romero, creo que podemos afirmar que, durante toda su vida sacerdotal, Óscar Romero ejerció su profesión con *responsabilidad.*

La capacidad para asumir tu responsabilidad forma parte indudable de la esencia de tu liderazgo.

Pero volvamos a lo nuestro. El sábado pasado te encontré encendida de rabia. Tenías esa energía que se manifiesta en las personas cuando sienten que algo injusto les está ocurriendo. Es curioso cómo estamos programados para revelarnos contra la injusticia.

Muchas de las grandes revoluciones de la humanidad han prendido cuando la sensación de injusticia, o de desigualdad, se hizo insoportable.

Me compartías que el jefe os recriminó los malos resultados en un proyecto en el que tú participabas. Sentías que te hacía culpable de algo que no dependía de ti. Que la culpa era del que recogió la información del cliente y del que dimensionó el tamaño del equipo que resultó pequeño y de la persona que se comprometió con el cliente en fechas que devinieron imposibles.

Te insultaba, además, el hecho de que no te dejaran excusarte. Cada razón en tu boca sonaba a excusa, aunque era la verdad. Tu verdad. Sentías, en definitiva, que de lo que había ocurrido con ese proyecto, poco o nada tenía que ver con lo que tú habías hecho o permitido que ocurriera. Y, a pesar de todo, te hacían responsable del resultado.

Ya ves. Aunque te parezca extraño, tu jefe tuvo a bien obsequiarte con una lección imprescindible, si la quieres escuchar.

Déjame que te cuente una anécdota para ilustrar mi razonamiento.

El pasado martes me quedé sin gasolina en mitad de la autopista. Iba a comer a casa de unos amigos. Había quedado allí con Irene, con nuestro amigo Gerardo y con Olga y Alejandro. De repente, el coche se quedó sin fuerza, reduje de la quinta a la cuarta marcha, embragué y pise el acelerador para ver si el motor volvía a coger fuerza. Nada. Se había quedado dormido. Seguí con el embrague pisado, puse punto muerto y dejé que la inercia me llevará hasta el arcén derecho. Afortunadamente, coincidí con un carril de aceleración de incorporación a la autopista y pude parar en una zona más o menos segura, al final de ese carril, sin interrumpir el tráfico.

Cuando el coche se detuvo, ya tenía claro que me había quedado sin gasolina. No es la primera vez. Estaba muy enfadado conmigo. Había pasado por una gasolinera hacía menos de un kilómetro y no había parado, ni siquiera había reparado en que estaba tan bajo de combustible. Ahora tenía que bajar del coche, señalar mi posición con los triángulos de seguridad, ponerme el chaleco reflectante, llamar por el móvil a una asistencia del RAC. Iba a llegar tardísimo a mi comida que ya estaba pensando en cancelar. Me insultaba la sensación de improvisado, de poco control sobre mi entorno, de despiste, a parte de la multa que me iba a endosar la Guardia Civil de Tráfico en cuanto apareciera, que seguro que iba a aparecer.

En definitiva todo un trastorno. Nada realmente grave, pero sí un trastorno muy pesado, sobre todo por lo gratuito e innecesario del mismo.

En eso estaba: ya había señalado mi posición, había llamado para que me vinieran a auxiliar, me había puesto el chaleco y estaba de nuevo sentado en la posición de conducción esperando acontecimientos, cuando hice un nuevo amago de arrancar el coche.

Y de repente... No, el coche no arrancó. Sin gasolina no arranca ni en los buenos relatos, así que no va arrancar en este... De repente, veo que la aguja del indicador de la gasolina no está ni siquiera en la zona roja de la reserva. Apago y vuelvo a girar la llave un punto para que los controles del coche funcionen sin arrancarlo. No hay duda, la aguja indica que hay combustible, lo cual es obviamente falso.

No sé cómo explicar lo que sentí. No había cambiado nada, yo estaba igual de colgado que antes en mitad de la carretera. Llegaba igual de tarde a mi comida. Iba a quedar igual de mal y la multa sería la misma, pero... ¡no era mi culpa! ¿Lo entiendes? Era culpa del coche, de los ingenieros de la planta de montaje, del fabricante del sistema de control de combustible o del "moro Muza", pero no era mi culpa. ¡Je!, no lo era.

Bromas aparte, la realidad es que a las personas nos preocupa mucho saber de qué somos culpables y de qué no.

Lo que nos preguntamos menos es de qué somos responsables.

No, no es lo mismo. Ser culpable es una cosa y ser responsable es otra.

Veras, el principio de responsabilidad es de esos principios que cambian a las personas. En palabras de Viktor Frankl, "el ser humano es, ante todo, ser responsable"[(15)]. Si te vas a quedar solo una cosa de todo lo que estamos compartiendo en estas páginas, quédate con este principio.

Responsabilidad lo definimos como "capacidad de responder", "capacidad de dar respuesta".

En muchas organizaciones, como en la sociedad en general, ya lo conocerás, ante una situación o problema dado, la gente se cuestiona mucho quién es el culpable de lo que ha pasado. Lo importante es buscar el culpable. Porque una creencia errónea muy extendida es que si hay un culpable, y ese culpable no soy yo, el problema ya no es mío, no hay nada que reprocharme, no hay nada que yo tenga que resolver.

¡Qué alivio siento cuando lo que ocurre es culpa de otro! ¿Verdad?

La culpa, en Derecho (ya sé que a ti el Derecho no te resulta muy divertido) se define como "la causa del mal causado". Es decir, si tú eres la causa de que se haya producido un mal, eres culpable de ese mal. Se llama principio de causalidad; que lo sepas, por culturilla general.

La culpabilidad está muy asentada en nuestra cultura, de tradición católica. Un día escuché una reflexión, entre broma y veras, que venía a decir que para convencer a un hindú para que se pase al catolicismo, primero tienes que hacer que se sienta culpable.

La culpabilidad no nos importa en este momento. Estamos hablando de responsabilidad. Otra cosa es que para poder ser responsables de verdad, necesitamos ser capaces de manejar el sentimiento de culpa que pueden generar en nosotros determinadas "acciones responsables". Por ejemplo, separarte de una pareja con la que eres profundamente infeliz, enfrentar a un amigo

---

15 Viktor Frankl. *El hombre en busca del sentido último*. Editorial Paidós. 1999.

íntimo a su realidad, despedirte de un trabajo o despedir a otro de un trabajo pueden ser manifestaciones de responsabilidad, pero sin duda pueden generar en ti mucha culpa. El peligro, Marta, es que quizás prefieras, llegado el caso, ser irresponsable que sentirte culpable. Para terminar de complicar el tema, te diré que si finalmente optas por renunciar a tu responsabilidad a cambio de no sentirte culpable, te sentirás culpable de no haber sido responsable. O sea Marta, olvídate de la culpa, manéjala cuando sientas que está presente y sigue caminando.

Eres responsable si puedes dar una respuesta ante una situación dada.

Sí, Marta, si empiezas a sospechar que siempre puedes dar algún tipo de respuesta ante una situación concreta, estás en lo cierto.

En mi Mapa de la responsabilidad hay algunos datos más nítidos que otros. Algunos son estos:

La responsabilidad tiene el poder de cambiar el mundo

En mi opinión, el principio de responsabilidad supone uno de los cambios más prometedores de este comienzo de siglo. Yo observo una sociedad más consciente de su capacidad de dar respuesta ante los problemas que se le plantean.

Quizás mi visión es muy optimista. Mucha gente opina que la sociedad, en general, está dormida, que no se mueve ante nada. Sin embargo, yo observo un profundo movimiento en las esferas individuales que, en muchos casos, aún no ha encontrado el canal adecuado de expresión pública. Observo a las personas más conscientes de su capacidad de dar respuestas ante lo que ocurre. O, quizás, sólo estoy proyectando cómo me veo a mí.

Ser responsable es lo contrario de echar balones fuera. Es lo contrario de buscar excusas o de buscar a quién señalar con el dedo.

Escribe Yvon Chouinard[16], creador de una exitosa empresa con conciencia llamada Patagonia: "El mal no necesariamente es un acto explícito, puede

16 Yvon Chouinard. *¡Que mi gente vaya a hacer surf!* Editorial Desnivel.2005.

ser simplemente la ausencia del bien. Si tienes la capacidad, los recursos y la oportunidad de hacer el bien y no haces nada, eso puede ser malo".

Ser responsable es reconocer tu capacidad para hacer algo que mejore la situación actual y hacerlo. Hay muchas cosas que están mal en nuestro entorno, en nuestra zona de influencia. Mirar para otro lado, afirmar que todo es lo mismo, aceptar cualquier situación, nos hace cómplices.

A un buen amigo mío le gusta decir que si "echar balones fuera" se convirtiese en deporte olímpico, España sería medalla de oro. Supongo que esto se puede decir de muchos países más.

Cuando aceptas tu capacidad de responder, empiezas a tener otro tipo de claridad sobre lo que puedes hacer:

Si en la casa de al lado tuyo están maltratando a una mujer, aunque no sea culpa tuya, si puedes hacer algo para que eso pare, eres responsable de hacerlo.

Si tu equipo de trabajo puede hacerlo mejor, coordinarse mejor, aprender más o acercarse más al objetivo, aunque tú no seas quien lo lastra, si puedes hacer algo para que llegue más lejos, eres responsable de hacerlo.

Si tu país entra en una guerra que tú crees equivocada e injusta y puedes hacer algo para que esa guerra pare, aunque sea manifestarte con otra gente, eres responsable de hacerlo.

En cierta ocasión, leía una entrevista que hacían en el periódico a uno de los fundadores de Greenpeace. Ya sabes, el grupo ecologista que tiene en jaque a todos los gobiernos, al denunciar sus prácticas contaminantes y su falta de ética medioambiental cuando entienden que esta se produce. La periodista le preguntaba al fundador de la organización qué era Greenpeace. Quería saber si era un grupo de presión, un "lobby" de medio ambiente, un partido político en la sombra o alguna otra cosa. Recuerdo mi sorpresa cuando leí la respuesta; venía a decir algo así como: "Hace tiempo que no nos preguntamos lo que somos; lo que sabemos es que somos parte de la solución".

Así de claro. Así de rotundo.

Yo me imaginé a un grupo de personas con una idea clara del problema, con una sensación de necesidad de hacer algo para solucionarlo. Preguntándose qué podían hacer, hasta dónde llegaba su capacidad de respuesta ante lo que estaba ocurriendo y tomando acción. Asumiendo, según su particular visión, su responsabilidad ante el deterioro del medio ambiente.

Más allá de que haya personas que no consideren que Greenpeace sea parte de la solución, lo importante es que ellos creen firmemente serlo.

O somos vela, o somos ancla

¡Ser parte de la solución o ser parte del problema! Como diría el Manolito de Mafalda: "*Datis de cuestion*" (no sé si tu generación ha leído a Mafalda. En mi caso, era la lectura de descompresión durante los exámenes. Sin darnos cuenta, terminamos por aprendernos las mejores viñetas de Quino de memoria).

No hay lugares intermedios entre formar parte del problema o de la solución. Si entiendes la magnitud de esta afirmación, quizás estés un poco preocupada. Quizás una parte de ti enciende señales de alarma. Te imagino diciendo: "¡Horror, no puede ser! Tiene que haber algo más, una posición intermedia. Un limbo de los justos, una tierra de nadie, un lugar en el que si no soy parte de la solución, tampoco sea parte del problema. Tiene que existir la posibilidad de "ponerme de perfil"[17], de mantenerme al margen del problema".

Lo siento Marta, pero así están las cosas. En mi opinión, no existen esos lugares intermedios. Las personas nos engañamos y nos excusamos en la idea de que sí los hay, pero no es cierto. Si estoy involucrado en la situación, soy parte de una de esas dos posiciones.

En los problemas que tienen que ver contigo, o en los que tú estás involucrada, si no eres parte de la solución, adivina qué eres.

---

17 Me cuenta mi amiga Ana que en la administración pública se usa este concepto cuando un funcionario quiere eludir una responsabilidad. No es insólito que, ante la pregunta de un colaborador a su jefe de "¿Qué vamos a hacer cuando los de la comisión nos pregunten por nuestra posición ante tal o cual conflicto?" La respuesta sea "Ponte de perfil". Cualquier profesional de la administración entiende el significado de esa recomendación.

Las llamadas a la indignación por parte de Hessel, quien participó en la redacción de la Declaración Universal de los Derechos Humanos, Federico Mayor Zaragoza, que fue Director General de la UNESCO durante 12 años, y otros como ellos, no es más que la llamada a una sociedad dormida para que asuma su capacidad de respuesta y deje de conformarse. Escribe Mayor Zaragoza[18]: "Ha llegado el momento. Es tiempo de acción. De no ser espectador impasible. El tiempo del silencio ha concluido. De ahora en adelante, delito de silencio"

Efectivamente, participar desde la apatía, el pasotismo y la inacción es también una forma de participar. Una forma irresponsable.

Un último ejemplo: cuando hacemos formación con profesionales de distintas empresas sobre *el cambio organizacional* (gran tema, por cierto) empezamos preguntando qué tipo de actitud cabe ante el cambio organizativo que propone la empresa. Después de varias intervenciones, los profesionales acuerdan que caben dos actitudes:

1.- Apoyar el cambio.

2.- Resistirse al cambio.

Casi siempre aparece una tercera alternativa que definen como "adaptarse al cambio", "dejarse llevar" o "fluir con el cambio", entre otras respuestas. Un lugar en el que ni lo apoyo decididamente, quizás porque no creo en él, o no me interesa el cambio propuesto ni me resisto al cambio.

Para disgusto de muchos de los profesionales que nos escuchan, nos gusta defender que, ante el cambio que propone la empresa, solo hay dos alternativas: apoyarlo o resistirlo. Lo que ellos definen como *adaptarse* o *dejarse llevar* es una forma de *resistencia pasiva*, pero resistencia a fin de cuentas.

De hecho, Marta, en la empresa todos saben que es muy poco profesional resistirse a un cambio propuesto por la dirección. Muy poca gente se resiste a un cambio organizativo abiertamente. La forma de resistirnos es precisamente, en lugar de empujar en la dirección definida, dejarnos llevar.

---

18 Federico Mayor Zaragoza. *Delito de Silencio*. Editorial Comanegra. 2011.

Para mí es así de sencillo. En un proceso tan sensible como el cambio, o eres parte de la solución o eres parte del problema. O empujas para que el cambio se dé, o alguien tendrá que empujar de ti.

Si no estás empujando, estás siendo una carga. Si no eres vela, eres ancla; no hay otros lugares en ese barco.

La responsabilidad te empuja a la acción

El *principio de responsabilidad* es especialmente poderoso en términos de las consecuencias prácticas que produce.

Si yo reconozco que soy responsable de mi vida, en función de la capacidad que tengo de dar respuesta a lo que ocurre en ella, entiendo que en mi vida sucede lo que de alguna forma yo hago o permito que ocurra. Para mucha gente, esta reflexión es dura, porque si lo que ocurre en mi vida no dependiera de mí, me podría quedar quejándome de mi infortunio sin hacer nada, esperando a que el destino cambie mi *suerte*.

Asumir nuestra responsabilidad nos obliga a dar respuesta ante lo que ocurre, y no todo el mundo está dispuesto a tomar acción.

Conozco muchísimos profesionales que se quejan de su situación laboral, pero no hacen nada para cambiarla; personas que se quejan de su relación familiar, pero la sufren como una maldición bíblica que no tuviera nada que ver con ellos. Personas infelices que están esperando a que les cambie la suerte. Decenas de personas resignadas que no hace nada porque no sienten que tengan el poder de cambiar la cosas.

Te decía al principio de este Mapa que si te ibas a quedar con algo de todos estos Mapas, te quedaras con este. Te lo vuelvo a decir ahora. El principio de responsabilidad junto con el principio de elección está en la base de todos los demás principios que estamos compartiendo. Son los dos grandes principios rectores: “Responsabilidad” y “Elección”.

En el ejemplo con el que abría este Mapa, te decía que no tenía la culpa de que el coche se quedará sin combustible si el indicador estaba roto. Ahora, una vez que sé que funciona mal, ¿crees que tengo alguna responsabilidad? Quizás, la primera es la de poner el máximo cuidado en todas las operaciones de señalización y rescate; la segunda, avisar a aquellas personas que les pueda afectar mi situación sobrevenida; y la tercera, una vez resuelta la situación, hacer lo que haga falta para evitar que se repita. Por no entrar en un detalle que no te había contado hasta ahora, hace un par de semanas tu prima Irene se quedó sin gasolina llevando a los niños a clase de música y tuvo que llamar a un coche de auxilio para que le ayudara. La verdad es que, en lugar de considerar alternativas e investigar por qué el coche se quedó sin gasolina, asumí equivocadamente que todo estaba bien en el coche y que fue un despiste de Irene, que no había ido atenta al indicador de la gasolina. En fin, no sé si ese primer acontecimiento me hace un poco más responsable de permitir que ocurriera el segundo. ¿Tú qué crees?

Bueno Marta, te dejo descansar.
Recibe un beso con todo el cariño responsable de tu padrino.

P.d. Si quieres saber algo más sobre cómo manejar la culpa, te añado unas líneas sobre la información más interesante con la que me he encontrado en estos años.

El modelo viene a decir lo siguiente:

Primero, es bueno que entiendas que la culpa surge cuando se da una ruptura entre la imagen que tienes de ti misma, o autoimagen, y la acción que está ocurriendo o que ocurrió en el pasado.

La culpa tiene como función mantener tu *autoimagen*. Veamos cómo funciona con un ejemplo: si la imagen que tú tienes de ti misma es que eres una persona cariñosa, que cuida a su entorno y a otros seres vivos y resulta que no paraste a recoger a un perro herido en la carretera, te sentirás culpable, porque una buena persona que quiere a los animales y no les ayuda cuando están heridos se siente mal. Necesitas la culpa para seguir siendo una buena persona que quiere a los animales. Si no sintieras culpa en un caso como este, podrías pensar de ti misma que no quieres tanto a los animales, o que no eres tan buena persona.

El problema es que nuestras *auto-imágenes* suelen ser irreales y muy exigentes. Todos tendemos a pensar que somos buenas personas, responsables, comprometidas, que quieren a su familia, que las cuida y se cuidan, que respetan el medio ambiente, etc. En definitiva, son imágenes de uno mismo en términos absolutos.

También hay quienes, en la creencia de que "el hombre es un lobo para el hombre", entienden que son unos seres humanos magníficos, cuando abusan de otras personas, los manipulan, los humillan, sin que la voz o el gesto los tiemble y se sienten impertérritos ante el dolor y sufrimiento ajenos. Pero de estos no hablamos. Su autoimagen es magnífica, pero no dejan de ser la parte más sucia de la humanidad.

Cuando trabajas sobre tu autoimagen, te das cuenta de que puedes hacerla más real, es decir que se parezca más a lo que de verdad eres, si la flexibilizas un poco. La forma de introducir elementos de flexibilidad es completando la auto-imagen con fórmulas como "... que a veces se equivoca, que no siempre acierta, que hace lo mejor que sabe...". De esta manera, la acción por la que te sientes culpable no rompe necesariamente tu imagen de ti misma y la culpa no es necesaria.

Si, en el ejemplo del perro herido, tu autoimagen fuera "soy una buena persona que quiere a los animales, que a veces es un poco egoísta, que no siempre tiene el valor de enfrentarse al dolor y no siempre acierta en sus decisiones", si esa fuera tu autoimagen, no necesitarías la culpa para mantener la imagen de ti misma por no haber recogido al perro.

No te animo a que no recojas al perro herido y te sientas tan contenta. La clave es que no necesitas la culpa para hacer lo correcto la próxima vez.

De forma que, en el ejemplo, la próxima vez recogerás al perro si así lo elijes por "responsabilidad", no por "culpabilidad".

La ausencia del sentido de culpa define la personalidad del narciso. El exceso del sentido de culpa es el acomplejado. No son polos aconsejables.

Nombre: Fecha:

A día de hoy, mis aportaciones cartográficas al Mapa de la responsabilidad son las siguientes:

7.

Mapa del compromiso

Querida Marta,

Después de dos años de crisis económica, parte de nuestro equipo está empezando a perder la motivación. Quizás es demasiada presión para algunos de ellos. Pérdida de poder adquisitivo, menos recursos disponibles para hacer el trabajo, presupuestos recortados por parte de nuestros clientes, cantidad de proyectos bien defendidos que no llegan a contratarse y, sobre todo, las dudas sobre el futuro y la incertidumbre de cuánto durará la situación. Nada muy excepcional en estos tiempos.

En estas circunstancias, algunas personas empiezan a compartir su frustración y sus miedos. Algunas otras, más influenciables, aceptan el juego de enfocarse en lo que falta en lugar de en lo que tienen. Empiezan los comentarios negativos y la queja continuada. Normalmente las quejas tienen un fundamento real, aunque como actitud no es muy efectiva.

En estas condiciones, comienzan a circular rumores que generan más malestar y mar de fondo, lo que hace que la percepción subjetiva sea de más escasez y dificultad.

Todo este círculo vicioso solo sirve para restar posibilidades al equipo. Contribuir a ese juego es innecesario y poco efectivo. Si hay que cambiar algo, se puede decir y hacer desde una actitud positiva para el cambio. Lo que nos hace excepcionales es nuestra capacidad para elegir nuestra actitud ante la adversidad. Convocar a nuestra parte malcriada y ñoña no funciona en tiempo de crisis, ni en ningún otro momento.

El viernes pasado tuvimos una reunión general muy productiva en la que estuvimos hablando sobre estos temas. A raíz de la reunión, le he pedido a nuestro diseñador que prepare unos carteles para colocarlos en la oficina, como señales de impacto ambiental. En uno dice “Gracias por tu motivación inteligente". En otro dice "Sonríe, necesitamos tu energía positiva". Confío en que durante unas semanas nos recuerde lo que estuvimos hablando.

Compartía con mis compañeros de INFOVA que, si alguno de ellos no encuentra razones para elegir un alto nivel de motivación, debería concluir que ha llegado la hora de buscar otros horizontes. Desde mi Mapa del mundo, hay dos actitudes legítimas cuando formas parte de un grupo, máxime cuando las circunstancias son difíciles: o estás dispuesto a sumar y a remar a favor de las posibilidades del grupo o te marchas. Quedarte metiendo palos entre las ruedas, impidiendo el avance, me parece una irresponsabilidad a la que no tenemos derecho. La queja continua, la crítica, el desahogo que contamina el ambiente, son palos entre las ruedas.

En una crisis puedes perder muchas cosas, menos el sentido del humor y la actitud positiva. La supervivencia individual y del grupo depende de ello.

Marta, la mujer que trabaja en casa, hondureña, que es ya parte de la familia, me decía: "Siempre hay salida. Por difícil que sea una situación, siempre hay alguna salida. De pronto la muerte no, pero quitando eso, siempre hay una salida".

Te aseguro que las biografías de los trabajadores latinoamericanos que vienen a trabajar a España encierran niveles de dificultad que no imaginamos.

Santi, que trabaja con nosotros junto con su hermana Melba, ambos colombianos, me comentaba que ellos eran supervivientes. Fueron desterrados por la guerrilla, los narcos y el ejército. Ahora trabajan en España y mantienen a parte de su larga familia con el dinero que pueden enviar.

Sencillamente, ellos no se pueden ablandar ante la dificultad.

Una cualidad que va a completar tu sentido de la responsabilidad y tu liderazgo esencial es el compromiso. El compromiso se observa con nitidez en la dificultad.

Cuando hablamos de compromiso, algunos directivos te cuentan la historia de una gallina que ponía un huevo al día y de un cerdo *masoca* que se dejaba la piel en un negocio que tenían a medias[19]. Otros te dicen que estar comprometido es hacer lo que puedas. También están los que dicen, sabiamente, que estar comprometido con un objetivo consiste en hacerlo tuyo, en sentirlo como propio.

La Real Academia Española habla de compromiso, entre otras cosas, como de "obligación contraída, palabra dada o dificultad".

En una cena le oí a un amigo dar una definición de compromiso que yo uso desde entonces. Él definía estar comprometido como "**estar dispuesto a hacer lo que haga falta para conseguir un resultado**".

Obviamente, él aclaraba que **"dentro del marco de lo legal y lo éticamente aceptable".** Es decir respetando las reglas del juego.

Lo cierto es que, cuando crecen las dificultades, muchas personas se dan cuenta de que su compromiso con un determinado proyecto no es tan sólido como ellos creían. Da lo mismo que el proyecto sea profesional o personal. Cuando las cosas van bien, todo es más fácil. Como te decía, la dificultad revela la auténtica naturaleza de nuestros compromisos.

Las circunstancias económicas y profesionales apelan a nuestra parte más recia. Nos devuelven a la necesidad del esfuerzo. La dificultad del entorno no sirve de excusa. Todas las generaciones han tenido que sortear sus crisis. Afortunadamente, tu generación y la mía no han tenido que vivir una guerra en suelo propio. La de nuestros padres fue la primera que tuvo ese privilegio, pero se comieron la postguerra y la dictadura. Cuando mi promoción empezó a buscar trabajo, hace 21 años, había en España un 20% de desempleo. Mi primer coche lo compré con un tipo de interés que rondaba el 19% anual. Luego,

---

19 Es una historia muy conocida en el mundo de la formación de equipos de profesionales. Como yo la recuerdo, la historia cuenta el caso de una gallina y un cerdo en Inglaterra que, observando que los ingleses desayunaban todas las mañanas huevos con beicon, deciden poner un negocio a medias. Así, la gallina se obliga a poner un huevo cada mañana y el cerdo a aportar un trozo de beicon. Al final del primer año, se reúnen para ver cómo ha ido el negocio y repartir los beneficios. La gallina, encantada del resultado, propone repartir el beneficio al 50%. El cerdo le hace ver que no es justo que el reparto sea a medias. La gallina protesta y dice que ella cumplió su compromiso, que era poner un huevo cada mañana, a lo que el cerdo le responde que sí, que ella cumplió su compromiso pero que él, más que comprometido, estaba involucrado (aquí está el matiz que la historia quiere resaltar) y se ha dejado la piel en el negocio.

hemos atravesado años de mucho crecimiento y ahora estamos, como país, en el centro de la dificultad.

Mi amigo David le ha dedicado muchos años de su vida profesional a analizar la deuda y la evolución de la economía latinoamericana. Ahora vive en Brasil. Desde allí, vaticina para Europa, y en concreto para España, entre siete y diez años más de estancamiento, recesión y dificultades económicas. Quizá se equivoque. De momento esto es lo que hay. Quejarse del viento y el oleaje no nos hace mejores navegantes, pero sí hace la travesía más ingrata.

Independientemente de la dificultad del entorno, hay cientos de miles de personas que van cada mañana al trabajo a hacer solo lo que se les pide. Salen cada mañana "a cumplir", lo que está muy lejos del compromiso. Puede que esa actitud complaciente y hedonista sea aceptable cuando todo rueda sin asperezas. Cuando el país crece, las empresas alcanzan cada año sus objetivos y hay beneficios recurrentes, el sistema tiene holgura para hacer sitio a los indolentes. En la dificultad, esa "energía personal blanda" termina siendo un drama.

El compromiso no depende de las circunstancias, de cómo vienen las cosas. Compromiso implica tenacidad, coraje, deseo de llegar, cuidar el estado de ánimo que te permite dar lo mejor de ti. Compromiso es hacer lo necesario. Es quejarse menos y hacer más.

Marta, el compromiso, como actitud, te hará excepcional.

No es lo mismo querer algo que comprometerse a conseguirlo. El querer expresa un deseo. El compromiso consciente pone la energía en función de alcanzar el objetivo deseado. El compromiso es un gran motor que empuja al ser humano a superar la adversidad. Cuando te comprometes con un objetivo, te comprometes a realizar el esfuerzo y las tareas necesarias para alcanzarlo. El compromiso, voluntariamente aceptado, me obliga.

Marta, como en otras ocasiones, te hago un resumen de otros descubrimientos sobre los perfiles del Mapa del compromiso.

El compromiso está un paso más allá de la motivación

Conseguir que las personas se comprometan con los objetivos de la empresa, y con sus propios objetivos, no es una tarea sencilla para las organizaciones. El compromiso esta un paso más allá de la motivación. Es la base para el entusiasmo. Muchas personas esperan a que su empresa haga algo significativo para ellas poder comprometerse y entusiasmarse con el proyecto.

El entusiasmo exige niveles de energía de la persona que no están disponibles si no hay un compromiso previo. Etimológicamente, entusiasmo procede de la palabra griega *entheo.* Viene a significar “tener un dios dentro de sí”. Se refiere a la persona que, tocada por los dioses, tiene un nivel de energía y convicción excepcional. ¡Qué maravilla vivir la vida desde ese lugar!

Hemos conocido a equipos de toda naturaleza alcanzar objetivos increíbles movidos por la ambición de alcanzarlo y la pasión de las personas que los integran. Lo hemos visto en equipos deportivos, en el mundo del cine, de la empresa, de la cocina… Y siempre que lo vemos, sentimos admiración. Admiramos lo excepcional.

Uno de los ejemplos más inspiradores de consecución de “objetivos imposibles” fue la conquista de la luna en 1969. Quizá la mayor epopeya de nuestro tiempo. En 1963, el presidente Kennedy lanzó el reto de llegar a la luna antes de que terminara la década, cuando Estados Unidos no había conseguido que una sola de sus naves completara una vuelta entera a la atmósfera terrestre. El país aceptó el reto y se comprometió con el objetivo.

El reto es fácil de explicar: mandar a un ser humano a la luna, hacerle alunizar, dar un paseo por la superficie lunar, recoger muestras y volver vivo a la Tierra. Hoy día, sigue siendo un objetivo impresionante. Ahora imagínate completar la aventura con los ordenadores, los materiales y el conocimiento de 1969. En ese momento tú no habías nacido y yo tenía cuatro años. La conquista de la luna nos grita que el ser humano es capaz de alcanzar cualquier objetivo que se proponga, siempre que sea capaz de trabajar en equipo, sumar capacidades y alinear sus compromisos.

Cuando alguien te diga que un objetivo es imposible, en realidad te está queriendo decir que aún no ha encontrado la forma de alcanzarlo. Afirmar que un objetivo es imposible es bajar los brazos. Nada se puede hacer para alcanzar algo que es imposible. Sencillamente, no es posible. Es más efectivo constatar que, de momento, no tenemos la solución, pero seguimos creando alternativas.

El compromiso es una elección personal

Marta, nadie nace comprometido. Se elige el compromiso y esa elección te convierte, de alguna forma, en otra persona. Nos construimos con nuestros proyectos y nuestras acciones. Dice Marina que vivimos en una relación circular con nosotros mismos: "Lo que proyectamos nos determina. Lo que hacemos actúa sobre nosotros"[20].

Viktor Frankl afirma, en el mismo sentido, que "el hombre, en última instancia, se determina a sí mismo". Y continúa diciendo: "El hombre no se limita a existir, si no que decide cómo será su existencia, en qué se convertirá en el minuto siguiente"[21].

Somos lo que hacemos de nosotros mismos.

Vivir la vida desde el compromiso es, probablemente, más cansado. Implica niveles de autoexigencia mayores. Por eso mucha gente reusa comprometerse de corazón.

Todos tenemos la capacidad para comprometernos. Mi creencia es que merece la pena "ser" una persona comprometida. Las personas capaces de comprometerse son más valiosas y tienden a obtener mejores resultados para ellos y para la organización en la que se desenvuelven.

En mi Mapa del mundo, el compromiso siempre es un buen negocio para el que vive en él. No le estás haciendo un favor a nadie al comprometerte, salvo a ti. Decía la neuróloga italiana y Premio Nobel en Fisiología, Rita Levi

---

20 José Antonio Marina. *Ética para náufragos*. Editorial Anagrama. 1995.

21 Viktor Frankl. *El hombre en busca de sentido*. Editorial Herder. 1979.

Montalcini, que "amar lo que haces es la mejor aproximación concreta a la felicidad en la tierra".

Muchas personas se engañan a sí mismas

He conocido a profesionales que se engañan a sí mismos, afirmando que tienen un alto nivel de compromiso. Cuando trabajas con ellos, te das cuenta de que en realidad es una afirmación vacía. Recuerdo el equipo de dirección de un gran banco europeo, al que pregunté cómo se definían como equipo. Yo sabía que la relación con su jefe estaba deteriorada. No le comunicaban abiertamente sus opiniones, no corrían el riesgo de indicarle en qué se estaba equivocando, le criticaban a sus espaldas. En definitiva, le habían retirado su apoyo. Con esa información, me sorprendió que el equipo se autodefiniera como "un grupo de profesionales comprometidos con la empresa". Cuando pedí que me aclararan a qué se referían con "comprometidos", resultó que todos eran capaces de estar muchas horas en el banco. Créeme que fue muy interesante revisar con ellos el significado de la palabra compromiso. Estar comprometido con tu empresa no es "trabajar" muchas horas, igual que estar comprometido con tus hijos es mucho más que estar con ellos (entrecomillo la palabra trabajar porque, en mi experiencia, las personas que "están" muchas horas en la empresa no son necesariamente las que más trabajan).

Recuerdo que les propuse ver juntos el final de la película *El motín del Caine*. Un peliculón que, si tienes la oportunidad, merece la pena ver completa. El corte que seleccioné se trata de un alegato del abogado defensor de los amotinados, en el que les viene a decir que un profesional comprometido con el proyecto apoya a su jefe, por la sencilla razón de que es el que está al mando, no porque le caiga bien, o por cómo se peina o por cómo delega en sus colaboradores. Mientras formas parte de un equipo, tienes una serie de obligaciones con el equipo. Si no te puedes comprometer con el grupo, y sus objetivos, es mejor que te marches.

Cada ámbito de la vida tiene sus obligaciones y sus exigencias. Marta, si tienes dudas al respecto, aclara muy bien lo que tus jefes esperan de ti. Los profesionales necesitamos saber qué se espera de nosotros para entender con qué nos estamos comprometiendo. Queremos saber también qué podemos esperar a cambio de nuestro compromiso y nuestro entusiasmo. Normalmente necesitamos saber si quienes dirigen el barco están tratando de crear las circunstancias para que nos resulte más fácil mantenernos en esa elección.

Nuestro compromiso esencial es con el equilibrio

Nuestro compromiso esencial es con el equilibrio entre las distintas facetas de nuestra vida. Ese equilibrio resulta eficaz en todos los ámbitos. Se ve que, además de cartógrafos, somos equilibristas.

Es cierto que nuestros compromisos tienden a ser múltiples. Poca gente está comprometida con un solo objetivo o con un solo camino. Tenemos compromisos en lo personal y en lo profesional. Compromisos en lo familiar, en lo afectivo, en lo intelectual.

Los límites del compromiso están dibujados por el marco de juego en el que hemos aceptado jugar. La ley, la ética e, incluso, el sentido común. Me dirás que la ley es la misma para todos, con matices, pero que la ética es muy personal y el sentido común, ni te cuento. Es cierto. Los límites del compromiso son propios de cada uno.

Si no pusiéramos límites al compromiso, un solo objetivo nos ocuparía la vida entera. Si estás comprometida con tu desarrollo profesional y no le pones ninguna restricción, podrías trabajar 16 hora diarias de forma continuada, abandonar tu vida familiar y de pareja, dejar de cuidarte y cualquier otra ocupación que te "distraiga". El resultado sería que, en poco tiempo, te convertirías en una profesional amargada, quemada, sobreexplotada y, para colmo, ineficaz para la organización. La adicción al trabajo existe. Ya la conocerás, espero que en carne ajena. Como toda adicción, lo interesante es entender sobre qué base de insatisfacción personal se sustenta.

Respetar tus compromisos no siempre te va a hacer más popular

Puede ocurrir que el respeto a tus compromisos no te haga la persona más popular del barrio. También es cierto, en mi experiencia, que la mayoría respeta a las personas comprometidas, aunque no estén de acuerdo con ellas.

Cuando dirijas personas, cosa que probablemente ocurrirá antes de que te des cuenta, trata de crear las condiciones para que deseen comprometerse contigo y con el proyecto. Favorece que se sientan parte del proyecto. Felicita sus aportaciones. Cuenta con ellos en las decisiones. Trata de evitar los juegos "nosotros contra ellos" dentro de la empresa y, por su puesto, del equipo. La clave está en que consigas que las personas de tu equipo se proyecten hacia el futuro dentro de la empresa. El compromiso no deja de ser una inversión a largo plazo. ¿Para qué me voy a comprometer con un proyecto del que no pienso ser parte en breve?

En tu afán de respetar tus compromisos tendrás desencuentros con distintas personas que te solicitarán un comportamiento alternativo. No es posible dirigir personas pretendiendo caer bien a todo el mundo todo el tiempo. Decía Margaret Thatcher, ex primera ministra británica, que "si pretendes gustar a todo el mundo, nunca te comprometerás de verdad y no conseguirás nada".

El compromiso está ligado a la integridad

Para terminar este Mapa, Marta, una última reflexión:

El compromiso está ligado a la integridad. No puedes ser una persona comprometida sin ser una persona íntegra. Como siempre, me pedirás la definición que estoy usando de integridad.

Una persona íntegra es una persona coherente entre lo que dice y lo que hace. Coherencia con aquello a lo que te comprometes.

Nos sirve de ejemplo la puntualidad. Si yo quedo contigo a las 12 de la mañana, te estoy dando mi palabra de que a esa hora estaré en el lugar acordado. Si llega la hora y no aparezco, estoy faltando a mi palabra y, en ese punto, no estoy siendo íntegro. Hace años, mi tía Marga me explicaba que la impuntualidad es una falta de respeto a uno mismo, no al otro. Como yo tenía la arrogancia de los 20 años y ella era una mujer muy espiritual, maestra de la ceremonia del té, no quise entender lo que decía; me parecía una "sofisticación de oriente". Creo que hoy ya lo entiendo. La impuntualidad es una falta de integridad (en realidad no sé si esto te lo digo a ti o me lo digo a mí. La puntualidad no es mi fuerte, pero estoy mejorando).

Como ves, me interesa mucho la integridad cotidiana. La del día a día. La otra, la de los grandes momentos, va de suyo.

En esta coherencia cotidiana, si digo a un compañero que el lunes tendrá sobre su mesa una propuesta, el lunes tendrá la propuesta, no la excusa de por qué no se le entrego. Si digo que eres una persona importante para mí, mis acciones deberían acompañar mis palabras. A veces también falta integridad interna, contigo mismo. Por ejemplo, afirmamos nuestra preocupación por nuestra salud, pero no nos cuidamos lo suficiente.

Los ingleses usan la expresión *walk the talk*, que podemos traducir como "caminar en la dirección de nuestras palabras".

La integridad es un atributo central del liderazgo esencial.

En opinión de Peter Drucker: "Los japoneses reconocen que en realidad solo existen dos requisitos para el liderazgo. El primero es aceptar que el rango no confiere privilegios sino que acarrea responsabilidades. El segundo es reconocer que los líderes de una organización tienen que imponerse a sí mismos aquella congruencia entres hechos y palabras, entre conducta, creencias y valores expresados, que denominamos *integridad personal*"[(22)].

Seguimos en contacto.
Un beso fuerte.
Tu padrino.

Pd. Quede claro que lo mismo que eliges comprometerte con un proyecto, puedes elegir dejar de hacerlo. Lo importante es que tengas conciencia de qué estás haciendo y que no hagas trampas en el juego. Por otro lado, tu energía es limitada, tendrás que decidir con qué te comprometes y dónde no vas a poner energía. Elegir es renunciar.

---

22 Peter F. Drucker. *Administración para el futuro*. Editorial Paramont. 1993.

Nombre: Fecha:

A día de hoy, mis aportaciones cartográficas al Mapa del compromiso son las siguientes:

8.

Mapa del respeto

Querida Marta,

Esta mañana ha vuelto a ocurrir. Ocurre muchas mañanas. Escuchaba en la radio una tertulia de actualidad, cuando el moderador levantó su voz sobre la de los otros contertulios pidiendo, exigiendo, a los demás que respetaran el turno de palabra. El locutor pedía enérgicamente que dejaran terminar de argumentar a quien estaba en el uso de la palabra y que no hablaran unos sobre las palabras de los otros. Como siempre, los tertulianos se dan por regañados, hacen algún sonido que viene a decir que no volverá a ocurrir y luego siguen haciendo lo mismo.

En el fondo, salvo algunas tertulias políticas, donde todo se dice más despacio, los tertulianos tienen poco interés en lo que el otro tenga que decir. Es más, cuando alguno se queja y pide "¡por favor, déjame terminar!", el otro, que habla sobre las palabras del primero, frecuentemente le responde: "no, si ya sé lo que vas a decir. Lo que yo digo es que...". Entonces el moderador brama pidiendo respeto a los oyentes, que merecen escuchar las opiniones completas de unos y otros. Estoy pensando mientras escribo que pocas veces el moderador pide respeto a los otros contertulios. O sea, en el fondo parece decir: "Vale que no respetes a tu compañero de tertulia, pero al oyente, ¡hombre!, al oyente sí". Si escuchas alguna tertulia deportiva, el nivel del "ruido" traspasa frecuentemente el límite de lo soportable.

¿Qué tendrá que ver el volumen al que defendemos nuestro argumento con su carga de razón?

Fíjate que hemos inventado las tertulias formato "59 segundos", donde se cortan los micrófonos de los que no están en el uso de la palabra, para que los participantes tengan que ser breves y se tengan que escuchar, o al menos no se puedan interrumpir.

Comparto contigo esta reflexión a raíz del episodio que me comentabas la semana pasada en la reunión de trabajo con tus jefes y tus compañeros. Era la primera vez que participabas en una reunión profesional con tanta gente y te sorprendía que, igual que ocurría en tus grupos de la universidad, nadie parecía querer escuchar a nadie.

José Luis Lucas, uno de mis mejores profesores, opina con razón que "nadie tiene bula para martirizar a los demás, aunque sea muy brillante o muy procaz. Difícilmente se puede alcanzar una sociedad madura si proliferan los que gritan, de palabra o con gestos"[(23)].

Efectivamente, muchas veces el día a día de las empresas no es muy distinto a lo que ocurre en una reunión de políticos, de comentaristas deportivos o de universitarios en pleno debate. He asistido a muchas reuniones de trabajo donde se respetaba poco la opinión del otro. En otros casos, hay un respeto *estético*. La gente simula que respeta el punto de vista divergente, pero realmente tienen muy poco interés en entender la mirada alternativa a la suya. Han tomado posición y no están dispuestos a moverse de ella.

Para muchas personas, en el ámbito personal y profesional, cambiar de opinión, aceptar el punto de vista ajeno, es una derrota personal, una victoria del otro. Y, ¿sabes qué? La mayoría de las veces descubres que ni siquiera sus posiciones son el resultado de un profundo análisis. Muchas veces están pensando según están hablando, casi improvisando y, aun así, defienden sus argumentos como si les fuera la vida en ello.

Esas reuniones, que se replican con el mismo modelo dentro de las familias, de las comunidades de vecinos, de la televisión, me parecen una demostración de ignorancia, inseguridad personal y falta de respeto.

La demostración de ignorancia nace cuando crees que el único punto de vista válido es el tuyo. Una persona con un poco de experiencia vital sabe que siempre hay diversas formas de ver la misma realidad. Sabe que su mirada del mundo no es universal, no es como todo el mundo lo ve. Una persona instruida practica el cambio de punto de vista para entender mejor, para comprender más.

---

23 José Luis Lucas. *El fomento de la libertad.* Ediciones Instituto Internacional San Telmo. 1995.

La demostración de inseguridad personal queda en evidencia porque su afán por ganar la discusión es muchas veces un ejercicio de refuerzo de sí mismo. Su posición necesita ser reforzada porque no es suficientemente sólida dentro de él. Necesita demostrarse que es capaz de ganar la discusión, que su nivel de reflexión es mejor. Una persona segura es capaz de cuestionar su argumento porque sabe que si su argumento estaba equivocado, no pasa nada, no es más torpe, ni menos brillante por haber usado un argumento insuficiente.

Y, finalmente, la demostración de falta de respeto se manifiesta cuando no considera lo suficiente al otro como para pensar que puede tener razón.

Si te has fijado, Marta, una de las cosas que más pedimos a nuestro entorno es respeto. Peleamos por conseguir la consideración de nuestra gente, de nuestros amigos, de nuestra pareja. Creemos que el respeto es un derecho, algo que se nos debe. Asociamos el concepto de respeto al concepto de dignidad; cuando nos faltan al respeto sentimos que se cuestiona nuestra dignidad como personas.

Poca gente tolera la falta de respeto. Y hacen bien. Yo te animo a que no permitas que te falten al respeto. Aférrate a tu dignidad (qué bonita palabra *aferrarse*. Supongo que, etimológicamente, significa "hacerse hierro")

Ahora, una pregunta sencilla: ¿qué es respetar a alguien?

Venga, no sigas leyendo. Contesta a la pregunta. ¿Qué es el respeto para ti?

Frecuentemente, en los cursos a directivos preguntamos qué hace que un equipo funcione mejor que la media, qué favorece que un grupo de personas se convierta en un equipo de alto rendimiento. Entre otras muchas respuestas, siempre aparece *el respeto*. Las personas se dan cuenta de una forma intuitiva, o por pura experiencia acumulada, que el respeto al otro es clave para que un equipo funcione.

Cuando les pregunto qué es respeto para ellos, empiezan las caras de sorpresa ante una pregunta tan obvia: "Respetar a alguien es… respetar a alguien", contestan con bastante frecuencia. Cuando alguien se expresa con un pleonasmo es que no tiene nada claro lo que quiere explicar.

Pedimos mucho respeto, pero ¿qué es exactamente lo que pedimos?

Respetar a otro no es solo escucharle. Ni siquiera es solo hablarle correctamente, sin levantarle la voz. Eso no es respetar a otro, es buena educación.

En una ocasión escuché a Bono (no al cantante, al ex presidente de Castilla-La Mancha y del Congreso de los Diputados) explicar en una tertulia en televisión que "respetar a otro es valorarle lo suficiente como para considerar que puede tener razón".

Fíjate qué interesante definición de respeto: **"Escuchar al otro como si pudiera tener razón"**. Eso es auténtico respeto. Es como decir: "Te respeto lo bastante como para considerar que puedes estar en lo cierto. Respeto tu mirada del mundo lo suficiente como para valorar que puede mejorar o, al menos, completar la mía".

¿Te imaginas como sería la política si nuestros representantes políticos se trataran con respeto, entendido de esta manera? ¿Te imaginas cómo sería la solución de conflictos si los contendientes en la disputa se escucharan con respeto? ¿O cómo sería la relación entre padres e hijos si realmente se respetaran?

Sería distinta, ¿verdad?

Respetar a otro no quiere decir que le des la razón. No quiere decir que dejes de pensar lo que tú ya pensabas, ni dejes de ver lo que tú ya veías. Respetar a otro quiere decir que te vuelves permeable a su opinión, que no te cierras en banda, que no estás más pendiente de tu siguiente argumento que de escuchar lo que tu interlocutor opina.

Si fuéramos un poco más respetuosos en general, sabríamos más del mundo, tendríamos una visión más completa, más contrastada.

Fíjate que el respeto exige humildad. La humildad de entender que no tienes toda la información, ni toda la verdad, que no necesariamente has hecho el análisis más fino; que, aunque te parezca mentira, otros tienen otra información que puede ser cierta.

Un altísimo porcentaje de los conflictos que vivimos a diario nacen de la arrogancia. Se manifiestan en la falta de respeto de unos hacia otros.

Marta, tres datos más en la cartografía de este Mapa.

Hay un respeto que se gana y un respeto que se entrega

Es una opinión generalizada que el respeto se gana. También es frecuente la convicción de que si quieres que yo te respete, debes ser digna de respeto. Por tanto, la conclusión lógica de este planteamiento es que si yo no te respeto, no es falta mía, sino tuya. En el fondo es como si dijese: "Si quieres que te respete, haz algo más para ganarte mi respeto".

Considéralo. Según mi Mapa del mundo, estas notas cartográficas están equivocadas. Mi Mapa dice que la actitud de respeto se elige.

Como otras veces, las responsabilidades están repartidas.

Si yo me relaciono con mis colaboradores en mi empresa, debo crear un entorno que les facilite la elección de la actitud de respeto hacia mí. Probablemente, si yo soy ecuánime en mis decisiones, respeto los principios en los que creemos, mantengo una comunicación abierta y fluida con ellos, acierto en la mayoría de mis decisiones y les trato con dignidad, es muy probable que entonces les resulte fácil elegir el respeto en su relación conmigo. Confío en que entiendas que el respeto al que dirige no tiene nada que ver con el temor. Lo digo porque en muchas ocasiones, por desgracia, se confunde.

Ahora, tanto si creo ese entorno que facilita la elección del respeto, como si no acierto a crearlo, ellos eligen respetarme o no.

Es decir, una parte tiene la obligación de poner fácil la elección, la otra tiene la obligación de elegir lo correcto. Ambas obligaciones, desde mi punto de vista, son independientes. No digo que no se influyan, digo que el incumplimiento de una de ellas no determina el incumplimiento de la otra.

Respeto al otro por su condición de ser humano. Aunque esté equivocado desde mi punto de vista.

El proceso puede ser este:

Escucho lo que dice mi interlocutor, lo considero, le doy valor, contrasto con mis opiniones, mis experiencias y mis creencias; no pueden con ellas, no me convence, le explico mi punto de vista sin menospreciar el suyo; tengo claro que enfrentamos puntos de vista, no personas; cuando ese momento termina, sé más, he aprendido algo, quizás he reafirmado mi posición, quizás me he abierto a la duda. Seguimos avanzando con una actitud abierta y de atención al otro.

Podemos aprender a callarnos

Para respetar hay que escuchar. El liderazgo esencial escucha, observa. En el libro *Out of Africa*, de Karen Blitsen, que dio lugar a la película *Memorias de África*, contaba la autora cómo aprendió que, para el pueblo Kikuyu, la respuesta inmediata no tenía valor. Para ellos, una aportación valiosa al debate debe proceder de una mínima reflexión. Karen Blitsen aprendió a callarse cuando le hacían una pregunta y retrasar unos momentos su respuesta. Aprendió a respetar los tiempos y dejar que la pregunta ocupara su espacio dentro de ella y la respuesta se conformara con más precisión.

En Occidente, tendemos a valorar lo contrario. Aplaudimos la rapidez de respuesta, el ingenio al instante. La velocidad en el verbo. De hecho, si en un debate tardas un poco en usar la palabra, serás privada de ella. Has observado ya que muchos adultos, cuando hablan, arrastran la última sílaba o hacen un sonido que indique al resto del grupo que sigue en el uso de la palabra. En otro caso, en cuanto el orador se calle, alguien romperá el silencio y se apoderará de la palabra.

Daniel Goleman habla de la "enfermedad del CEO (el jefe)", que acaba desconectado de la realidad en una suerte de burbuja, sin tiempo para las conversaciones realmente importantes con su entorno.

Hablando de la importancia de escuchar, creo que era Alfonso Usía quien contaba la anécdota de una condesa que presumía de ser capaz de hablar en doce idiomas y de callarse en trece.

También hay a quien le gusta decir que nacimos con dos orejas y una boca para usarlas en esa proporción.

Hay una tendencia a la reciprocidad

La experiencia me dice que, por reciprocidad, cuando tu actitud es de escucha y respeto, tu interlocutor tiende a corresponderte. Si no es así, siempre puedes invítale a que lo haga. Si ni así está dispuesto a dejar de perorar, puedes elegir seguir escuchando o no.

El liderazgo esencial tiende a escuchar y operar desde una base de conocimiento. Respetar no es aplaudir ni estar de acuerdo. Respetar es querer entender y, desde ahí, poder ser entendido.

Los profesionales se empeñan en aprender a hablar en público. Algunos incluso hacen el esfuerzo de mejorar su comunicación interpersonal. Quieren explicarse mejor. La clave del éxito está más en como escuchas que en cómo te expresas. Lo que te va a acercar a tu objetivo, lo que te va a permitir aprender y corregir, es escuchar la información que tu entorno tiene para ti. No toda la información te será útil. Aprenderás a diferenciarla.

Un beso, Marta.
Con respeto, de tu padrino.

Nombre: Fecha:

A día de hoy, mis aportaciones cartográficas
al Mapa del respeto son las siguientes:

TERCERA PARTE:
Satisfacción personal y profesional

Afirma Martin Seligman que estamos pasando rápidamente de una economía monetaria a una economía centrada en la satisfacción con la vida.

En este tercer bloque cartografío cuatro territorios vinculados a la satisfacción personal y, por ende, a la profesional. El liderazgo esencial busca la plenitud. El líder esencial entiende el valor de cuidar sus objetivos personales y los profesionales. El éxito implica plenitud. Ninguna vida es plena si una parte significativa de la misma esta insatisfecha.

Los líderes satisfechos con ellos mismos y con su vida son más efectivos en su labor. La felicidad personal influye en la toma de decisiones, la gestión de conflictos, la comunicación, la gestión de la adversidad, la motivación, la creatividad y otros muchos procesos claves de la dirección. En general, los líderes satisfechos son más ecuánimes, más serenos, más positivos y, a la vez, más enérgicos en el sentido deseable.

Las personas satisfechas con su vida defienden más fácilmente altos niveles de entusiasmo, se quejan menos de los inconvenientes que se encuentran y se ocupan en resolverlos.

La sensación de continuidad vital es esencial para alcanzar este estado de satisfacción. Llegar a entender que todo lo que ocurre, todo aquello en lo que nos vemos envueltos, forma parte de nuestra vida. Ser capaz de disfrutar (etimológicamente, “obtener el fruto”) de la parte de nuestra vida que más nos agrada y también de la parte que nos gusta menos, sin esperar a que ocurra un determinado acontecimiento en nuestra vida para empezar a disfrutarla.

El liderazgo esencial trata de crear las condiciones para que el amor, la felicidad y la libertad puedan surgir. Trata de generar microclimas donde florezca la parte más digna del ser humano.

Las personas incapaces de encontrar paz y equilibrio trasladan a su entorno ansiedad, tensión e insatisfacción innecesaria. Ya hemos visto que la satisfacción personal y profesional no tiene por qué llevarnos al conformismo. La satisfacción personal es una actitud ante la vida. Es una predisposición para buscar las metas que nos marcamos, en un plano personal y profesional.

En poco tiempo las empresas valorarán en el currículum de los nuevos candidatos su formación en lo que hoy llamamos "desarrollo personal" Las nuevas generaciones de directores de Recursos Humanos se han formado en técnicas humanistas, normalmente fuera de las universidades, y muchos de ellos han experimentado las ventajas de detenerse, reconocerse, ordenar información vital y seguir creciendo personalmente desde un lugar más sólido. Saben que personas más conscientes tienden a ser profesionales más consistentes.

Como a ti, no me interesa la satisfacción artificial, bobalicona y vacía. Creo que es posible experimentar la satisfacción serena, consciente, emocionalmente inteligente. Probablemente todos pasamos por situaciones duras, tristes, difíciles y frustrantes. Sin duda, a lo largo de una vida hay muchos momentos de insatisfacción y algunos de una dureza que puede resultar insoportable. A pesar de ello, siempre podremos hacer el esfuerzo de no quedarnos a vivir en ese dolor y, en una manifestación de liderazgo esencial, encontrar paz y volver a disfrutar la vida.

Al menos ese es mi deseo.

9.

Mapa de las comparaciones

Hola Marta,

Aquí estoy eligiendo la música con la que voy a despertar a los niños mañana. Creo que voy a decidirme por un disco acústico de Eric Clapton. A Alba le gusta mucho, aunque le parece que *Tears in heaven* es la canción más triste del mundo. Desde que Alba empezó a ir al colegio, les despertamos con un poco de *Rock and Roll*. También vale el *Pop*. Es parte del ritual del despertar en casa.

De joven, se escuchaba poca música en mi casa. También es cierto que los medios de reproducción no eran lo que son hoy día. Me asombraba que mis amigos conocieran todos los grupos de música del momento. En aquella época, el tocadiscos de casa estaba debajo de la tele, en el salón. Un consejo: nunca tengas el equipo de música donde reine la pantalla del televisor. No hay forma de que la música gane la pelea a la imagen. Acuérdate: *Video kill the radio star.*

En cambio, para mí era más fácil escuchar música en vivo. Podía llegar a casa del colegio y encontrarme a mi madre sentada en el borde de su cama, tocando la guitarra por bulerías. Yo me sentaba a la vera de la cama a escuchar las historias ripiosas de nuestra tierra andaluza.

Recuerdo cuando fui con catorce o quince años a la tienda de discos en Moncloa a comprar mi primer disco: *Comunique*, de los Dire Straits. Por supuesto, en vinilo. Aún tengo el disco, aunque ya no tengo tocadiscos para escucharlo. Supongo que todo esto de los discos de vinilo te sonará al jurásico superior, pero fue anteayer. Para terminar de arruinar mi imagen, te contaré que aprendí a bailar con tu tío Toche y el resto de la pandilla detrás de nuestro portal con la música de un ¡comediscos! (si quieres saber lo que es, búscalo en Google o en una tienda *vintage*).

Una tarde, la pandilla de las chicas dejó una nota en el buzón de nuestro amigo Enrique, citándonos detrás de nuestro portal para "enseñarnos a bailar". Ingenuos como éramos, caímos en la trampa y, a partir de ese momento, nuestra vida tuvo más música.

Pero me estoy desviando del tema. Como te decía, despertamos a los niños con música que algún día recordarán. Desde Bob Marley, Pink Floyd, Beatles, Rollings, Yolanda Shephard, U2, Celine Dion,... También música española: Sabina, Alejandro Sanz, Estopa, Fito y Fitipaldi, La Oreja,... Y las que nos van enseñando ellos: Miley Cyrus, Black eyed peas, Rihanna, Shakira, Avril Lavigne, Lady Gaga y otros muchos. Ojalá no dejen nunca de escuchar música.

Cuando viajo con Alba en el coche me divierto demostrándole, para su sorpresa, que en la mayoría de las canciones que le gustan ahora de grupos españoles hay una influencia evidente de Sabina. Y ahí empezamos con la pelea de qué grupo o qué canción es mejor y debería pasar a la historia de la música.

Al final, más allá de los méritos objetivos de cada pieza, terminamos acordando dividir las canciones en dos grupos: las que nos gustan y las que no nos gustan. Y, dentro de las que nos gustan, renunciamos a ordenarlas por orden de preferencia.

Este Mapa se llama "de las comparaciones".

Vaya nombre para un Mapa, ¿verdad? He estado pensando en cambiarle el nombre. Llamarlo "Mapa de la autoestima" o incorporarlo como parte del Mapa de la felicidad o algún otro. Pero de momento, y salvo que tú propongas un nombre mejor, lo voy a dejar así.

Ayer te pregunté cómo te iba en el despacho de arquitectos. Tu respuesta, siempre inteligente, se resumen en tus tres primeras palabras: "Yo qué sé".

Me devolvías la pregunta exigiéndome aclaración: cómo te iba ¿comparado con qué? ¿Con tus compañeros de despacho, con las expectativas que tenías cuando aceptaste la oferta de trabajo, con el objetivo que te marca tu jefe cada semana? ¿O quizás deberías compararte con cómo les va a tus compañeros de promoción?

Efectivamente *bien* y *mal, ganar y perder, bueno y malo,* siempre lo son por comparación. La misma realidad es una cosa u otra en función de con qué otra posibilidad, real o posible, la comparas.

Si la realidad es así, para que alguien tenga un alto rendimiento otro tiene que desempeñarse deficientemente. O al menos tiene que existir la posibilidad de que así ocurra.

Inquietante, ¿verdad?

Este planteamiento divide inmediatamente a cualquier colectivo de personas, y a la humanidad en su conjunto, en dos bloques: ganadores y perdedores, favorecidos y desfavorecidos, brillantes y torpes, etc.

Hace unos años estaba con mi hija Lisi en el parque de juegos que hay cerca de casa. Ya sabes, esos parques que tienen toboganes, columpios y castillos de colores formados por estructuras de tubos, que son como una matriz de 6 por 8 tridimensional.

Lisi había aprendido el día anterior a subir y bajar por esa estructura. No lo había hecho antes, entre otras cosas porque apenas le llegan los brazos para alcanzar el tubo de arriba. Una vez que comprobó que podía subir y bajar, no paró de hacerlo durante más de media hora. Lo curioso es que había otros niños en el parque y ella los llamaba desde la torre de tubos y les gritaba" ¡voy a ganaros a subir!" Independientemente de que ella estaba prácticamente arriba cuando los retaba y ellos en los toboganes, era curioso ver cómo los dos niños entraban al trapo y corrían hacia la torre, subían y bajaban bastante más rápido que Lisi, pero ella, que estaba arriba, llegaba antes. Cuando ya se habían ido, ella ya sola, decía: "¡Y ahora os voy a ganar a bajar!".

Con apenas tres años, lo atractivo que le resultaba ganar.

Marta considera la siguiente información:

Al ser humano le encanta ganar

Al ser humano le encanta ganar. Para una parte de la sociedad parece que la única alternativa digna es ganar. Vivimos en un entorno que aplaude a los ganadores, se estimula la competición. En muchos casos, en muchas competiciones, el segundo no tiene espacio, no tiene reconocimiento.

A mí me encanta ganar. Mis amigos me dicen que soy muy competitivo. No estoy muy de acuerdo, pero reconozco que me divierte competir. Quizás porque no me parece un drama perder.

He ganado muchas de las partidas que he jugado en la vida. Pero no he ganado todas. Competir me ha enseñado a ganar y a perder. Ha sido un buen estímulo para hacer el mejor de los esfuerzos. Me ha servido también para buscar socios para la siguiente jugada. Para valorar el entrenamiento. Para intentar hacerlo mejor.

El Real Madrid no jugaría al nivel que lo hace si el Barça no hubiese puesto el listón tan alto. Y el Barça no se mantendría en su nivel de excelencia si el Madrid no le pisara los talones. Ayer el Madrid le ganó la final de la Copa del Rey. En una semana el Barça puede ganarle la semifinal de la Copa de Europa[24]. La competición es así. Un juego. Lo divertido es que ni el Madrid ni el Barça pueden existir sin el otro como les conocemos. En el fondo, se necesitan.

El problema de compararse, fuera del mundo del deporte, es la creencia más común de que para que tú puedas ganar, el otro tiene que perder.

Nos bombardean con información que dice que el segundo es el primer perdedor. Tremenda palabra, "perdedor". La canción más repetida para celebrar

---

24 En el año 2011 el FC Barcelona y el Real Madrid se enfrentaron en una serie de cuatro partidos de la máxima tensión. El partido de vuelta de la Liga, la final de la Copa del Rey y los dos partidos de semifinales de la Copa de Europa. El Real Madrid ganó la final de la Copa del Rey y el Barsa pasó a la final de la Copa de Europa que terminaría ganando junto con el campeonato de liga.

una victoria deportiva es *We are the champions*, de Queens. En el estribillo dice "*No time for losers*" (traducido: "No es tiempo para los perdedores")[25].

Esto se entiende tan rápido que las personas en seguida aceptan que hay dos estrategias válidas para ellas: las que les permiten ganar y las que hacen que el otro pierda. Imagínate las implicaciones que esto tiene para las relaciones en cualquier ámbito de la vida.

La comparación nos lleva a la insatisfacción

Si no manejamos bien este juego de comparaciones, podemos pagar el precio de estar permanentemente insatisfechos.

Desde pequeño aprendemos a compararnos. Crecemos y seguimos comparándonos y sacando conclusiones.

Empezarás a sentir que estás bien o mal pagada en comparación con los demás de tu entorno. De hecho, si cambias el grupo de personas con las que te relacionas, la percepción de tu sueldo cambia también. Así, lo que era un sueldo suficiente se convierte en algo escaso, y viceversa. Tu casa será suficiente o no, no por los metros cuadrados que tengas disponibles, ni por el número de habitaciones, sino por las casas de tus amigos y conocidos. Te compararás y sacarás conclusiones sobre si es suficientemente buena. Es absurdo, pero los seres humanos funcionamos así.

Si estás mal a nivel profesional, pero otros están aún peor, te darás por satisfecha. Si tienes un trabajo maravilloso, pero las personas de tu entorno tienen algo que parece mejor, te costará ver lo maravilloso que es lo que tienes.

Y la experiencia me dice, Marta, que en la manía de compararte acabarás perdiendo.

25 En realidad la letra se presta más para ser utilizada como una canción de motivación a los jugadores antes del partido, aunque se ha institucionalizado su uso para homenajear al campeón una vez que el torneo ha terminado.

Siempre hay alguien mejor que tú, o con más que tú, en algún aspecto de la vida. Si quieres generar en ti la sensación de perdedora, la sensación de escasez, empieza a compararte.

Una vez más, ¿puedes tomar conciencia de lo que eres, de lo que tienes y celebrarlo, con independencia de lo que tiene tu vecino? La respuesta es evidente en teoría. Lamentablemente, lo hacemos peor en la práctica.

Marta, no necesitas compararte. La felicidad no llega por comparación.

Merece la pena conservar la perspectiva

Si te fijas, las personas que tienen una experiencia fuera de su entorno habitual vuelven *cambiadas*. Es frecuente, cuando hablas con personas que han pasado un mes en la India, en África o en cualquier lugar del tercer mundo, que cuando vuelven a su ciudad las pequeñas incomodidades y limitaciones que tanto nos trastornan a las personas en nuestro día a día les parezcan trivialidades sin ninguna importancia. De pronto, sienten el privilegio de tener agua caliente, de tener un sistema sanitario eficiente, poder comer en cualquier lugar sin enfermarse, ir a un mercado y encontrarlo repleto de mercancías, dormir seco y caliente. Sienten el privilegio de la *normalidad*, porque se han dado cuenta de que lo normal en nuestro trozo del mundo, que es el Occidente que conocemos, no es tan normal cuando te elevas un poco y miras con más perspectiva.

Cuando haces el proceso inverso, cuando más acercas la mirada a tu realidad y solo a tu realidad, cuando tu ombligo se convierte en el centro del mundo, entonces no tener unas "Nike" como las de tu amiga es una tragedia y es suficiente argumento para la tristeza.

Entonces, ¿qué hacer?

Podemos hacer varias cosas. De entrada, no pierdas la perspectiva. Sitúa las cosas con más objetividad. Dale a las cosas el valor que tienen por sí mismas.

Alternativa A (para viajeros). Viaja a la India, o similar, mira lo que hay y date cuenta del privilegio que disfrutas.

Alternativa B (para todos). Si te quieres ahorrar el viaje, date cuenta ya. No necesitas salir de casa para percatarte de lo obvio.

Vives en una parte privilegiada del mundo. Cualquier parte de nuestro país es una parte privilegiada del mundo. Obviamente, si llevas esta afirmación al extremo, puede resultar absurda. En nuestro país también hay miseria y necesidades objetivas. Estoy hablando en términos de la generalidad, no de las excepciones, que las hay.

Siempre puedes compararte contigo

¿Qué tal compararte contigo? ¿Qué tal compararte con tus posibilidades o compararte con un objetivo concreto, independientemente de lo que hagan los demás?

En mi opinión, actividades como el alpinismo, el golf o las carreras cronometradas a nivel *amateur* tienen la virtud de que juegas contra ti, contra tu última partida, contra tu habilidad. En terminología del golf, la partida de verdad la juegas contigo. Si has conseguido un gran resultado para ti, el que tu compañero de partida dé menos golpes no es tan relevante.

La comparación ha sido un gran motor del ser humano. El deseo de ser y estar más y mejor que el otro. He intentado explicarte por qué creo que es un mal motor, sobre todo sabiendo que hay alternativas, como la claridad en los objetivos y el afán de desarrollar nuestro potencial, que nos llevan más lejos sin entrar en el juego de perdedores y ganadores.

¡Ah! Y no pierdas el sentido del humor. Reírse de uno mismo es una buena medicina para el alma. Mirar la vida con una sonrisa cómplice, sin dramatizar lo objetivamente pequeño, sin hacer causa de lo circunstancial, sin pretender que las cosas deberían ser de otra manera, sin juzgarnos por lo que podríamos ser y no somos.

Te dejo, me voy a participar en el baño de Iria.
Recibe un beso, incomparable, de tu padrino.

Nombre: Fecha:

A día de hoy, mis aportaciones cartográficas al Mapa de las comparaciones son las siguientes:

10.

Mapa de la libertad

Hola Marta,

Este Mapa me suena a película de evasiones. "El mapa de la libertad", "el mapa del tesoro". El mapa de Jim Hawkins y su *Isla del Tesoro*.

Para muchas personas, el mapa del tesoro y el mapa de libertad son el mismo mapa. El gran tesoro es la libertad. De hecho, muchas personas buscan dinero porque quieren comprar su libertad. El empeño es peligroso. En la búsqueda del símbolo, puedes fácilmente acabar perdiendo la experiencia de la libertad. La buena noticia es que no todo el mundo la pierde, luego debe de ser posible conseguir ambas.

Como tu familia no es rica y no vas a heredar un chavo, el dinero lo ganaras trabajando en alguna parte del mundo.

Hablando de trabajar fuera de tu país, la semana pasada tuve una reunión con los miembros del COI, el "Comité de Optimistas Inteligentes", del que Irene y yo somos socios fundadores. Todo comenzó en la presentación del libro sobre el *Modo de Pensar de los Directivos*(26), que escribí con Iñaki. Nos reunimos trescientas personas para dar la bienvenida al libro, entre las que estaba Ángel Díaz Miguel, que nos conocía a un grupo de formadores de distintas empresas de desarrollo directivo de cuando él nos contrataba como director de programas de Euroforum. El caso es que después de manifestar nuestro deseo de vernos con más calma, le sugerimos a Ángel que le correspondía a

26 Iñaki de Miguel y Gonzalo Martínez de Miguel. *El modo de pensar de los directivos*. Infova Ediciones. 2010.

él provocar el encuentro. Como es un tipo cumplidor, nos convocó a todos los conocidos a una cena en un restaurante de Madrid. Luego organizó un chocolate con churros en San Ginés, más tarde un desayuno "con diamantes" en frente de la joyería Grassy de Gran Vía, un encuentro estival en una terraza-bar en una azotea de Madrid, etc. No siempre podemos ir todos, pero la convocatoria se mantiene y los encuentros los disfrutamos mucho. Ahora Ángel está organizando el primer congreso nacional de COI. Normalmente son planes muy baratos con mucho encanto. El nombre de Optimistas Inteligentes viene a cuento de la especialización de Luis Galindo y de que en el fondo es una disciplina de la psicología positiva que todos, de una forma u otra, trabajamos.

La finalidad básica es pasar un buen rato y, supongo, el intercambio espontáneo de información. Las conversaciones son siempre informales. Nos alegramos de saber compartir tres horas cenando, con una conversación dinámica y divertida, sin perorar de futbol, ni de política, ni de la crisis.

En la última reunión surgió el tema de abrir el mercado latinoamericano para nuestras empresas de formación, cosa que ya están haciendo algunas de ellas. Eso nos llevó a la globalización y a la dificultad de los profesionales españoles para movernos de nuestra ciudad e irnos a trabajar a otra parte de España, no te quiero decir a otra parte del Mundo.

Y ahí me encontré defendiendo vehementemente para mi sorpresa, que esa resistencia me parece muy inteligente. El modo de vida de muchos norteamericanos, que se van de casa a la universidad con dieciocho años y ya no vuelven a ver a sus padres más que el día de Acción de Gracias, me parece un mal modelo. Tengo amigos de la costa este Americana que trabajan en San Francisco o en Fenix (Arizona). Con el cuento de la movilidad, en parejas donde los dos trabajan, cada vez que mueven a uno de los dos miembros de la pareja, se forma un lío considerable. Al final, lo que yo veo en ese sistema, con tan poca resistencia a la movilidad, son familias desarraigadas, abuelos que envejecen solos, padres que no ven a sus hijos, hermanos que se separan antes de terminar la adolescencia y se ven de pascuas a ramos. Niños que se educan sin sus abuelos y sin sus primos, que viven a miles de kilómetros de distancia. En definitiva, lo de la movilidad internacional sin duda es muy bueno para las multinacionales, pero no necesariamente es muy bueno para las personas. Que los abuelos envejezcan sin sus nietos cerca es una estupidez. Cuando el español medio se opone a moverse a otra parte del mundo y a desarraigarse de su pueblo tiene razón. ¡Viva la vieja Europa donde uno crece, vive y muere con su gente!

Total que mis compañeros del COI me miraban sorprendidos, viendo mi lado más provinciano y localista.

Fíjate, no sabía yo que era un antiglobalización.

Exageraciones aparte, creo que viajar, trabajar fuera de España, pasar temporadas largas fuera de casa, te nutre y te ayuda a crecer. Viajar amplía tu punto de vista y te permite entender. Cuanto más conozcas del mundo, mejor podrás valorar lo que tienes para bien y para mal. Sabes que nosotros mandamos a los niños a estudiar fuera de España con la intención de que algún día sean bilingües y de que conozcan otros mundos. Lo seguiremos haciendo mientras lo podamos pagar. Me gustaría que fueran universales sin dejar de ser locales.

Hay formas eficaces de vivir la experiencia internacional. De hecho, muchas empresas te ofrecen la oportunidad de trabajar fuera durante un tiempo limitado, buscando las ventajas de esa experiencia y limitando los inconvenientes.

Dicho esto, si tu familia te limita, te agobia, te encierra y te empobrece, el exilio voluntario es una gran alternativa.

Pero vuelvo a donde estábamos. Hablábamos de la libertad.

Estás empezando a sentir que tienes menos tiempo para todo. Es como si tu vida profesional empezara a ocupar todo tu espacio. Ves menos a los amigos, tienes menos tiempo para ti, haces menos deporte. Sientes que estás perdiendo libertad. Cada decisión económica que tomas, te ata más. Si compras un coche, asumes una obligación de pago durante 28 meses. Si alquilas una casa, te obligas a pagar el alquiler y los gastos todos los meses. Compras algunos muebles con tarjetas de crédito que también has de ir pagando.

Todo te lleva al mismo lugar. Necesitas trabajar para mantener tu nuevo ritmo de vida. Me decías que ahora tienes trabajo pero tienes menos libertad, más preocupaciones y menos tiempo.

Empiezas a sospechar que vivir la vida ligera de equipaje se parece más a la libertad que tú deseas. Tienes razón.

Para completar mi información sobre este tema, he empezado una pequeña encuesta. Me reúno con mis amigos y en el contexto de una reunión cualquiera, si las condiciones son propicias, les invito a hablar durante un rato sobre la "libertad". Muchos de ellos conocen este proyecto, así que no les extraña que yo llegue con este tipo de preguntitas. Me dan su opinión, contrastamos puntos de vista y, cuando el interés decae, dejamos que la conversación avance por cualquier otro camino.

Muchos de ellos opinan que *la libertad* es lo más importante para ellos. Estarían dispuestos, al menos dialécticamente, a renunciar a muchas cosas con tal de conservar su *libertad.*

La propia Declaración de Derechos Humanos vincula la libertad a la dignidad del ser humano. Te aconsejo que leas alguna vez, despacio, la Declaración de Derechos Humanos. El preámbulo comienza con siete "considerandos". El primero de ellos reza: "Considerando que la libertad, la justicia y la paz en el mundo tienen por base el reconocimiento de la dignidad intrínseca y de los derechos iguales e inalienables de todos los miembros de la familia humana".

Las preguntas que empiezan a surgir suenan enormes. ¿Qué nos hace libres? ¿Qué es ser libre? ¿Es lo mismo para todos? ¿Se puede ser auténticamente libre en una sociedad como la nuestra? ¿Qué precios pagamos por la libertad? ¿De verdad queremos ser libres? ¿Es cierto, como reza la entrada del Colegio del Pilar de Madrid, que la verdad nos hará libres[27]? Cuándo uno no es libre, ¿qué es? ¿La libertad es una condición o un sentimiento?

Sin un Mapa claro de la libertad, será difícil alcanzarla. Como en otras ocasiones, Marta, no tengo toda la información, pero sí he llegado a alguna conclusión.

Sí sé algunas cosas sobre la libertad:

---

27 La frase es del Evangelio de San Juan 8, 32.

Desde un punto de vista amplio, sé que el ansia de libertad ha movilizado a los pueblos durante toda la Historia de la humanidad. Sé que muchas personas han preferido poner en peligro evidente su vida antes que conformarse con perder su libertad. Sé que se ha demostrado científicamente que los países donde hay más libertad crean más riqueza. Sé que los pueblos que conquistan su libertad lo celebran durante siglos para recordar a los demás, y a ellos mismos, que es su tesoro más valioso. También sé que hay mucho "salvapatrias" que priva a la gente de libertad con la excusa de defenderla. Sé que la libertad siempre está en peligro.

Como explicó Erich Fromm, no todo el mundo desea la libertad. Se pregunta este autor, con mucha lucidez, "¿cómo podemos explicar la atracción que sobre tantas personas ejerce actualmente el sometimiento al líder?"[(28)].

José Luis Lucas, escribe: "¿Libertad para qué? Pues simplemente para ser personas; la otra alternativa es ser todos igualmente esclavos"[(29)].

La libertad del ser humano permite que se produzca la maravilla al mismo tiempo que deja espacio suficiente para que aparezca el horror. Compruebo cada día que la libertad se puede usar mal y por eso siempre existe la tentación de limitarla.

Desde un punto de vista más organizacional, sabemos que la libertad hace a los profesionales más creativos, más autónomos, más atrevidos, y, a la vez, más responsables, más comprometidos y más motivados. También hemos podido verificar que hay profesionales que abusan de la libertad que se les da, precisamente porque son libres de hacerlo. Profesionales que defraudan las expectativas que la organización deposita en ellos y que luego lamentan la pérdida de libertad cuando las circunstancias cambian y su ámbito de posibilidades se estrecha.

En el ámbito más personal, constato diariamente que hay un deseo inmenso de libertad. Una libertad que ennoblece al hombre. He comprobado a lo largo de los años que las personas buscamos la libertad, pero nos enfocamos

---

28 Erich Fromm. *El miedo a la libertad.* Editorial Paidós.

29 José Luis Lucas. *El Fomento de la libertad.* Ediciones Instituto Internacional San Telmo.

en los símbolos que la representan. Más tarde descubrimos que estos símbolos no nos hacen más libres. Mi creencia es que la libertad se elige. También creo que, en realidad, muchas personas no quieren asumir la responsabilidad de vivir su libertad, pero no tienen el valor de reconocerlo o no están dispuestos a pagar el precio que supone su ejercicio. Creo que las cadenas más pesadas son invisibles y que en muchas ocasiones trabajamos duro para conseguirlas.

Te invito a considerar los siguientes presupuestos (En PNL[30] los llamarían "Presuposiciones Operativas". Fíjate que la denominación indica claramente lo que son: suposiciones previas para operar conforme a ellas):

La libertad es una percepción, no una situación objetiva

La libertad, Marta, no es un estado objetivo; no soy "objetivamente" libre o dejo de serlo. La libertad es un sentimiento, es una percepción. Lo esencial no es ser libre, es sentirse libre.

La libertad completa no existe en una sociedad interdependiente, reglada y acotada como es la nuestra. Libertad debe implicar ausencia de limitaciones. En principio, cuantas menos limitaciones tengas, más libre eres.

Somos libres de hacer o no hacer, siempre que nos movamos dentro del campo de juego que hemos definido entre todos y que configura como mínimo el ordenamiento jurídico. O sea, que somos libres con condiciones, con un buen número de condiciones.

Los pactos de convivencia siempre giran en el entorno de la compatibilidad del ejercicio de la libertad por quienes la entienden de distinta forma.

Entiendo que son pactos de convivencia desde los estatutos de una comunidad de vecinos hasta la declaración de derechos humanos, pasando desde luego por constituciones y religiones. También el contenido de los sistemas legislativos en todos sus niveles.

Desde pequeños aprendemos que la libertad de cada uno, en sociedad, siempre está limitada por la libertad de los demás. Es cierto.

---

30 PNL: Programación Neuro Lingüística

La pregunta clave es: a pesar de todo, ¿podemos experimentar la libertad? Fíjate que estamos moviéndonos en dos direcciones, por un lado qué nos hace más libres y por otro cómo puedo experimentar la libertad.

La libertad es la libertad de elegir

Elegir entre lo que es real para ti en cada momento.

La libertad absoluta sería aquella en la que tienes todas las opciones hipotéticamente posibles a tu disposición y la capacidad para elegir la que te parezca oportuna en todo momento. Esa libertad no existe para nadie.

Aun así, todo aquello que aumenta tu capacidad de elegir te hace más libre. Todo aquello que limita el menú o limita tu capacidad para optar te hace menos libre. Cuando manipulas a alguien, limitas su capacidad de elección. Por eso, la manipulación nos empobrece, nos hace menos libres.

Cada vez que aumentas tus posibilidades de elección, ganas libertad. Dime, Marta, ¿qué aumenta nuestras posibilidades?

He llegado a la conclusión de que nuestras posibilidades de elegir aumentan con el conocimiento de uno mismo, la información y la comprensión sobre el entorno y el desarrollo de nuestra capacidad para alcanzar lo que deseamos.

Un mejor conocimiento de ti, de quién eres, de lo que eres, de lo que te inspira y te motiva, de cómo reaccionas ante los estímulos que recibes, un mejor descubrimiento del universo que eres, te hará más libre.

Del mismo modo, cuanto mejor conozcas la realidad y mejor entiendas profundamente el mundo, más capacidad tendrás para elegir.

También la información, el conocimiento, la formación. ¿Se referirá a esto lo de “la verdad os hará libres”? Cuanta más información tengo, más grande es el menú sobre el que podemos elegir.

¿Y el dinero?, ¿Nos hace más libres?

Sí y no. Desde un punto de vista, el dinero puede ser la medida de nuestra libertad, en el sentido de que aumenta nuestras opciones. Pero también es cierto que el dinero se convierte para muchas personas en una esclavitud. El dinero es una vía, no la única, de acceso a muchas experiencias. Una estupidez muy común es acumular el dinero que nos permitiría vivir la experiencia que deseamos y en ese acumular nos olvidamos de vivir la experiencia. Esa experiencia que persigues normalmente es diversa. Puede ser la experiencia de la seguridad, o del reconocimiento, o del amor, o de la aventura, o de la trascendencia. Puede ser la experiencia de la alegría, o la de cambiar el mundo. Lo esencial es que sepas qué experiencia estás buscando, no cuáles son los medios que has elegido para acercarte a ella.

Lo contrario de la libertad es la dependencia

Abolida ya la esclavitud en nuestro rinconcito del mundo, lo contrario de ser libre no es ser un esclavo, es ser dependiente. Las dependencias son las cadenas de la sociedad actual. Los ludópatas, los toxicómanos, los adictos al trabajo, los alcohólicos, lo primero que perdieron fue la libertad. La libertad de elegir.

Las dependencias de esos colectivos son muy claras y están tipificadas por médicos y psicólogos. Pero hay otras dependencias mucho más sutiles que también limitan nuestra libertad.

Por ejemplo, ¿qué te parece la adicción a la aprobación de los demás? ¿Qué tal la dependencia de la opinión de los otros? En la medida en que vamos desapegándonos del juicio de otras personas, vamos ganando en libertad. Muchos de nosotros, Marta, vivimos muy pendientes del qué dirán, de qué opinarán de mí si hago tal cosa, si opino de tal manera, si hago tal elección. La búsqueda de la aprobación nos ata de pies y manos. En el afán de no perder la aprobación de las personas que nos importan, vamos haciendo concesiones en áreas vitales.

Satisfacer las expectativas de nuestros padres, nuestros amigos, nuestros compañeros, nuestras parejas y nuestros vecinos es un esfuerzo titánico. Por no hablar del esfuerzo que supone, en muchas ocasiones, satisfacer nuestra propia autoimagen.

¿En cuántas ocasiones estudiamos algo distinto a lo que realmente deseamos a cambio de la aprobación de nuestros padres? ¿Cuántas veces renunciamos a nuestra propia opción sexual a cambio de la aprobación de todo nuestro entorno? ¿O cuantas otras mantenemos estilos de vida profesionales y personales que no deseamos a cambio del aplauso familiar y social?

¿Hasta qué punto hacemos lo que realmente queremos hacer o estamos siendo complacientes?

El antídoto contra la dependencia a la opinión de los otros es el desapego.

Fíjate que no digo que no consideres y respetes la opinión de otras personas. Digo que no dejes que determinen ni influyan decisivamente en tus elecciones.

La principal causa de pérdida de libertad es el miedo

El miedo nos limita enormemente. El miedo al fracaso, el miedo a no saber o no poder, el miedo a no estar a la altura de las expectativas creadas, el miedo a quedarme solo, el miedo al cambio, al futuro incierto, el miedo a sufrir daño o a sufrir una gran pérdida.

El miedo es un gran tema.

Como sentimiento, no hay nada malo en él. De hecho, el miedo ha permitido a la humanidad cuidarse y sobrevivir durante milenios.

El problema no es sentir miedo, es qué hacemos con lo que sentimos.

El miedo lo puedes usar para limitarte, para bloquearte o como energía extra para dar lo mejor de ti y seguir avanzando.

En algún momento, si no pasa nada raro, se te va a plantear la siguiente situación:

Como arquitecta joven en ejercicio, llegará el día en que alguien te va a pedir un proyecto para construir una casa o un edificio. Tu primer proyecto de ese tipo. Te juegas mucho en ese proyecto. Si todo va bien, es muy probable que sea el comienzo de una prometedora carrera profesional. Si las cosas salen de otra manera, perderás esa oportunidad, volverás a empezar de cero, será un duro golpe a tu autoestima y, lo peor de todo, es que no sabes cuándo tendrás otra oportunidad así. Sentirás que no te puedes permitir fallar, necesitarás que todo vaya bien. Te aterrorizará la idea del fracaso. Te jugarás demasiado, o al menos, así lo verás tú.

En una situación así, hay dos comportamientos frecuentes:

a. A quien le atenaza el miedo empieza a estresarse, a dormir mal, a perder los nervios, a sudar, a vivir el proyecto con ansiedad. Son personas que en ese miedo al fracaso dejan de divertirse. Como consecuencia, no dan lo mejor de sí y empañan sus posibilidades de éxito.

b. También hay quien usa ese miedo al fracaso para hacer el mejor proyecto que es capaz de hacer, para revisar cada aspecto, cada plano, cada perspectiva. Lo usa como energía extra para dar el máximo de concentración y enfoque en lo que quiere. Prepara el trabajo, lo contrasta, lo ensaya, lo discute y, como consecuencia, hace el mejor trabajo del que es capaz.

El miedo se aprende a manejar. Se empieza reconociendo la sensación y preguntándote qué vas a hacer con ella.

Existen una serie de técnicas que te pueden ayudar a manejar los miedos. Por ejemplo, es crucial saber que traemos el miedo a nuestra vida proyectándonos hacía el futuro y viendo cómo en algún aspecto de nuestra vida nos va mal. En el ejemplo que leías arriba atraes el miedo imaginándote cómo presentas el proyecto, el cliente te dice que no, que no es lo que quiere. Tú eres consciente de que no lo has hecho suficientemente bien; o te imaginas cómo otro despacho de arquitectos hace algo más brillante, o cómo en la reunión de presentación te hacen preguntas que no puedes contestar, etc.

El consejo es este: si te vas a poner a fantasear, imagina que ganas, que todo va bien; cuando sientas la ansiedad del miedo, siéntate, cierra los ojos e imagina cómo terminas el proyecto, lo presentas, todo funciona, les encantan tus ideas y firmas un contrato, etc.

Si te vas a poner a fantasear, por el mismo precio, fantasea a tu favor. No se trata de que uses la fantasía para descuidarte, sino para apoyarte a usar todos tus recursos en pro de tu objetivo.

Otra forma de manejar el miedo es cuidar tus afirmaciones sobre lo que va a ocurrir o sobre lo que eres capaz de hacer. Cuando haces una afirmación sobre ti o tu capacidad, una parte de ti la escucha y se la cree. Se ha escrito muchas veces sobre esto. No seas tu peor enemigo boicoteando tus posibilidades, criticándote en voz alta o en voz baja. Habla bien de ti.

En fin, se está haciendo tarde. Voy a coger la bicicleta para ir a buscar a Irene y a los niños al parque. Hoy es domingo, son las ocho y media de la tarde, están a punto de volver a casa y siento que podía haber ido con ellos. Tengo claro que he elegido quedarme en casa escribiendo, en la terraza de este maravilloso atardecer. Pero ya llevo cerca de dos horas escribiendo y empiezo a sentirme en falta con ellos.

El sentimiento de culpabilidad no es otra cosa que el apego a la opinión de los demás o a la opinión que mantenemos sobre nosotros mismos. O quizás tengo miedo a no ser el padre que ellos desearían que fuese.

De pronto soy consciente de lo fácil que es confundir los sentimientos. Puedo pensar que quiero ir al parque porque quiero disfrutar un rato de juegos con los niños, pero quizás lo que me mueve es el apego que siento hacía la aprobación de mis hijos.

Lo pienso mientras voy a reunirme con ellos.
Te quiero.
Un beso de tu padrino.

Pd. Te escribo dos líneas más. He vuelto del parque. He disfrutado de una hora maravillosa con los niños. Cuando me vieron llegar empezaron a gritar y a correr hacía mí celebrando mi incorporación al juego. Me sentí tan bien recibido, tan acogido, que tuve la conciencia clara de estar en el lugar exacto que quería estar. Más allá de aprobaciones y apegos. Los niños frecuentemente nos dan este tipo de claridad. Te abrazan y te quieres quedar a vivir en ese abrazo y de pronto todo tiene un sentido evidente. No quiere decir que no asuma que limitan mi libertad, pero en otra carta ya hemos hablado del equilibrio. Pues eso.

Nombre: Fecha:

A día de hoy, mis aportaciones cartográficas al
Mapa de la libertad son las siguientes:

11.

Mapa del amor

Querida Marta,

No sé si estoy preparado para dibujar este Mapa. Me gusta ofrecerte Mapas que tengo más o menos contrastados, que he podido experimentar, recorrer un número suficiente de veces. Cartografías que he podido verificar con otras personas. Mapas del mundo que, con todas las excepciones que te encuentres, y sin dejar de ser mi visión personal del mundo, al menos se aproximen a la realidad.

Honestamente, el Mapa del amor me cuesta concretarlo. No es que no haya experimentado el amor, es que no lo he racionalizado demasiado. No me he parado hasta ahora a tratar de explicarlo, a tratar de entenderlo. Sencillamente, el amor está ahí, lo vivo y no pretendo que haya otra gente que lo viva igual que yo.

Lo curioso es que mi entorno me pide, casi me exige, que lo escriba. En opinión de los amigos que van leyendo los borradores de estos "Mapas del Mundo", este trabajo nunca estará completo sin un Mapa del amor.

"Escribe el Mapa del amor", me piden.

"Mmmm. No sé", contesto.

"El amor mueve el mundo", me dicen.

"Entre otras cosas", replico.

"Por amor, las personas cambian el rumbo de sus vidas", insisten.

"Es cierto", les digo.

"Los seres humanos somos básicamente amor", afirman los más románticos o quizás los más conscientes.

"Por amor somos capaces de hacer lo más admirable y lo más detestable", me proponen.

"El amor lo justifica todo. ¡No puedes escaquearte de escribir este Mapa!", me repiten.

"No sé...", digo.

"Deberías", me dicen.

"No sé...", insisto.

"Yo lo veo claro. Yo no dudaría", concluyen.

"No me explico. Lo que no sé es... escribirlo", confieso finalmente.

Si te digo la verdad, no sé si me apetece hacer una "sociología del amor". Como si todo el mundo sintiera igual, se enamorara igual, vibrara en una sintonía predecible. Yo sé que el amor existe. Que se siente. Que yo lo siento y soy capaz de reconocerlo. Y, a partir de ahí, proyecto sobre otras personas y trato de imaginar lo que ellos sienten, pero no tengo ni idea de lo que de verdad sienten.

Me da igual que en el fondo sea un proceso químico, que las manifestaciones de amor sean aprendidas, que lo que sentimos esté en gran parte educado. Puede ser que sea un "sentimiento cultural". Es probable que nuestra sociedad occidental experimente el amor de una forma concreta y particular que, desde nuestra miopía, nos parece universal.

Se han escrito millones de páginas sobre el amor. Se ha tratado de explicar de mil maneras. Hemos hecho infinidad de poesías, canciones, películas. El ser humano lo ha querido expresar de todas las maneras que ha sido capaz de imaginar.

Viktor Frankl, de quien ya me has oído hablar alguna vez, afirma que el amor es la meta última y más alta a la que puede aspirar el hombre[(31)].

---

31 Viktor Frankl. *El hombre en busca de sentido*. Editorial Herder. 1979.

De joven leí *El arte de amar*, de Eric Fromm. Quitando que proponía el amor como arte, hoy no recuerdo nada del libro, que aún conservo, salvo que nos lo pasábamos unos a otros. A mí me lo pasó Ramón Portilla, buen amigo y espectacular alpinista, con quien luego he escalado muchas montañas y a quien nunca se lo devolví. Le azorará probablemente que te comparta esta anécdota. Ya ves, a los rudos montañeros también les interesa el tema. Él se venga haciéndome pasar miedo cuando vamos a escalar.

He leído de adulto otros libros tratando de explicar el tema del amor, pero ya te digo que no me ha fascinado ninguno. Sin embargo, sí resuena en mí una estrofa de Joaquín Sabina en la que afirma que "amor se llama el juego en el que un par de ciegos juegan a hacerse daño"[(32)]. Y como Sabina es un mago sintetizando ideas, completa la afirmación diciendo "Y cada vez peor y cada vez más rotos, y cada vez más tú, y cada vez más yo, sin rastro de nosotros". Desde la primera vez, me pareció un aviso para navegantes.

Tengo claro que una cosa es el amor como sentimiento, como emoción y otra es la manifestación del amor. No sé si el amor se siente distinto, pero desde luego se manifiesta de mil formas diferentes. Hay quien es muy hábil en esa manifestación del amor y también quien es torpe como un topo.

En definitiva, Marta, no sé si en este Mapa tengo más dudas que certezas, más sombras que luces. En cualquier caso, lo esencial de este Mapa que soy capaz de compartir aquí contigo es esto:

¡Ama!.

Ama con generosidad.

Ama sin miedo a perder lo que amas, sin miedo a no ser correspondida. No es que no sientas miedo, es que el miedo a perder lo que amas no te impida amar sin reservas.

No te conformes con no sentir. ¡Siente! Sé consciente de lo que sientes.

---

32 Joaquín Sabina. Canción: *Amor se llama el juego*. Álbum: *Física y Química*. 1992.

Permítete sentir, vibrar, divertirte, llorar. No te enfríes. No racionalices el amor. No te dejes convencer de que hay que endurecerse para no sufrir ni para triunfar y, mucho menos, para ser feliz.

En los afectos siembra lo que quieras recoger. Entrega lo que quieras recibir. Las personas que más quieren tienden a ser las más queridas. Me gusta pensar que existe un principio universal de reciprocidad afectiva.

Ante la duda, ama. No todo el mundo será digno de tu amor. Lo sabrás tarde, como todos. Levántate y sigue amando.

Amar es una elección. Si eliges conscientemente amar lo que tienes, tendrás aquello que amas. Ya sea una pareja, una vida, una profesión o una amiga.

Y entre los objetos de tu amor, asegúrate que tú ocupas un lugar principal.

Marta, para mí las líneas de arriba son lo esencial.

Ya sabes que mi trabajo de formación lo desarrollo con profesionales. Mi entorno de reflexión más frecuente es la empresa. Hasta ahora, he encontrado que mis verdades y principios que son útiles en la empresa también lo son en otros ámbitos de la vida y por eso me permito compartirlas contigo. Realmente es al revés, lo que funciona en la vida también funciona en la empresa, que no es otra cosa que un espacio más en el que la vida se desarrolla.

Todavía no he comenzado ninguna de las sesiones de formación afirmando algo así como “hoy vamos a hablar del amor”, o “el problema que hemos detectado en esta empresa es que falta amor”… ¡Hum!, la verdad es que suena provocador, quizás algún día lo haga.

En el fondo sí hablamos de amor, pero lo llamamos de otras maneras para no azorarnos, nosotros, tan adultos, tan profesionales, tan sólidos, tan racionales, tan frágiles.

Como hemos hecho otras veces, ¿qué te parece si definimos el concepto sobre el que estamos hablando?

El amor es un sentimiento, es una forma particular de sentir hacia alguien o hacia algo. El amor también es una actitud, es una forma de hacer las cosas, una forma de comportarme, una forma de mirar.

Si estamos de acuerdo en esto, estarás conmigo en que, entendido el amor como sentimiento, no somos, en principio, responsables de lo que sentimos, ni elegimos sentir de una determinada manera. Pero entendido el amor como actitud, sí tenemos la capacidad de elegir el amor como forma de relacionarnos con las personas y con el planeta; y ese poder de elegir nos hace responsables.

Marta, no quiero hacerte la lectura difícil, pero la afirmación de que no somos responsables de lo que sentimos tiene sus matices. Sí somos responsables de alimentar determinados sentimientos, de recrearnos en recordar situaciones concretas que nos traen sentimientos específicos. Incluso tenemos la capacidad de revisar determinadas creencias que nos hacen sentir de manera inefectiva.

Lo cierto es que el amor tiene muchas manifestaciones: el cariño, el cuidado, el apoyo, la amistad, la generosidad, la complicidad, la cercanía, el afecto.

En las organizaciones tendemos a hablar de vocación de servicio, de compañerismo, de respeto, de cuidar al otro. Son manifestaciones de un mismo sentimiento.

Conozco personas especiales que han hecho del cuidado a los demás en la empresa una bandera personal, una forma de ser.

Un amigo nuestro cada mañana lleva a la oficina "croisants" para las secretarias de su departamento. El "día de la mujer trabajadora" regala rosas a las chicas de la oficina. Cuando los hijos de sus amigos cumplen años, llama a las madres para felicitarlas, a ellas, por el aniversario. No se pierde una mudanza de un compañero, no se escaquea de un duelo, ni falta a una celebración si sabe que su presencia es deseada. Le gusta jugar con la sorpresa. Te dice que le va a ser imposible ir a la fiesta, pero finalmente acude. Siempre lleva un detalle pensado para obsequiar a quien corresponde. Si te escucha triste al teléfono, se presenta por la tarde con un pastel y la mejor conversación. En definitiva, practica el noble arte de querer a la gente con la que se relaciona. También te diré que si además se dejase querer, sería formidable. Pero ese es otro tema. Ya aprenderás que hay gente que está más dispuesta a querer que a ser querida.

He escuchado a personas afirmar que, por algún motivo, no se sienten dignos de ser amados, de ser cuidados. Así de complejo es el ser humano. Algunos necesitamos aprender a querer y otros necesitamos aprender a ser queridos.

Este amigo del que te escribo no quiere a todos. También rechaza y desaprueba el comportamiento de algunas de las personas de su entorno, entre quienes están varios de sus jefes.

Así que, ya ves, hasta en un entorno como la empresa es posible ver manifestaciones de amor. También de odio.

En general, esta persona de la que estoy hablando, que no es única en su género, es así en todas las manifestaciones de su vida. Es su forma de relacionarse con el Mundo. Desde el cariño, el servicio, la consideración y el cuidado. Me parece una elección muy inteligente.

Hay quien elige otras formas de establecerse en la vida. No falta quien elige la agresividad, el egoísmo, el *yo primero*, el rencor, la pasividad, el *yo que sé*, el *no es asunto mío*, el *esto es muy complicado*, la frialdad.

Como te decía arriba, en mi mapa el amor se elige.

No quiero decir que te va a querer quien tú quieras que te quiera. Quiero decir que el amor como *lugar vital*, como *campo base* para recorrer la vida, se puede elegir.

A muchas personas les sorprende que en INFOVA nos abracemos cuando nos encontramos, cuando celebramos una buena noticia, después de una conversación difícil o de un desencuentro agrio. Nos abrazamos como manifestación de afecto sincero. Mi experiencia es que ese abrazo está lleno de significado. Quien te diga que las organizaciones no hay lugar para el afecto, te está contando su experiencia, no la verdad.

Una mirada a mi espejo

No quiero dejar de mojarme. Te decía al principio de este Mapa que no pretendo hacer una "sociología del amor", así que déjame que te hable un poco de cómo lo vivo yo en mi círculo más íntimo.

Soy afortunadamente vulgar en ese sentido. Como para tantas otras personas, mis hijos ocupan el lugar absolutamente preferente de mis afectos. Soy capaz de quererlos sin condiciones, sin reservas, independientemente de lo que recibo a cambio. Sospecho que este sentimiento es muy común a la gran mayoría de los padres que conoces.

Es un amor tan intenso que la sola posibilidad de perderlos me aterroriza. No sé si a medida que crezcan ese amor adoptará otros perfiles. Probablemente puedes dejar de querer a un hijo en condiciones de extrema dificultad, pero me imagino que debe ser después de mucho dolor y de un inmenso esfuerzo de autoprotección.

Decidir dejar de querer a tus hijos se me antoja durísimo. Elegir quererlos parece lo natural en nuestro mundo. Honestamente, no siento que yo haya tenido que elegir sentir hacia ellos lo que siento. Entre otras cosas, sospecho que las creencias que he mamado desde pequeño han programado ese sentimiento en mí. Pero sí soy consciente de elegir crear un entorno de cariño alrededor de ellos. Elijo crear un sistema de comunicación amoroso entre nosotros. Elijo inculcar una serie de valores, donde el amor y el cuidado al otro tienen un gran espacio. Elijo mi actitud hacia ellos incluso cuando estoy hasta las orejas de niños. Elijo la incondicionalidad en mi sentimiento hacía ellos, lo que implica quererles y aceptarles como son, sin que ello exija mimarlos ni consentirlos. La verdad es que algo sí les mimo y les consiento. Pero elijo quererles hasta cuando les reprocho o les castigo, si es el caso. Mis hijos están poco castigados, la verdad. Tampoco nos ha hecho falta, de momento.

Educar a mis hijos me parece un gran gesto de amor. Mimarlos, consentirlos, ablandarlos y darles todo lo que me piden es el camino más fácil, el de menos resistencia, pero no es el más amoroso, ni evidentemente el más inteligente.

Me duele el amor que no va acompañado de actos coherentes. El amor simplemente verbal. El amor sobreentendido. El amor sin acción.

He elegido querer a Irene muchas veces. He repetido esa elección de forma consciente muchas veces a lo largo de estos años. Y supongo que esa repetición de elecciones termina generando un hábito que se concreta también en comportamientos inconscientes. Hemos pasado por momentos malos en los que mandaría todo al garete. Hemos corrido el riesgo de descarrilar. Pero en esos momentos, de forma más clara, he elegido seguir queriéndola y hoy agradezco mi elección. Nada nos garantiza que el amor vaya a seguir ahí. La vida está en movimiento.

Me gusta cuidar lo que somos como pareja, la cuido dentro de mí, aunque no siempre acierte. Trato de entenderla porque deseo poder seguir eligiendo ese amor. Quiero respetarla e involucrarme en lo que para ella es importante. Quiero crear las condiciones para que ella pueda elegir fácilmente quererme a mí.

Sabes, no todo el mundo desea ser querido de la misma manera. Yo quiero aprender a querer a Irene como ella prefiere ser amada.

Como en otros Mapas, te comparto algunas certezas personales más:

Sé que el amor requiere inteligencia y acción

Observo que hay personas, como Lisi, que nacen especialmente dotadas para el amor. Tienen una inteligencia afectiva fuera de lo común. A otras personas les cuesta mucho más entender cómo funcionan estos procesos de dar y recibir.

En cualquier caso, tanto los más inteligentes afectivamente como los menos, necesitamos ponerle cabeza, además de corazón.

Marta, muchas personas piensan en el amor como un azar. Confían en que venga Cupido disparando flechas certeras que hagan que alguna persona maravillosa se enamore de ellas y que, a ser posible, otra flecha haga que ellos se enamoren de la persona elegida.

Puede ser. No es como yo lo veo, pero puede ser.

Yo me imagino a Cupido mirando a estas personas que esperan su actuación diciendo algo así como: "Vamos chaval, muévete. Relaciónate con gente. Crea opciones. Sal del círculo de siempre donde no has conocido a nadie que te complete en todo este tiempo y encuentra gente nueva".

Me imagino a Cupido con su carcaj de flechas disponibles, esperando a que creemos las condiciones para que él dispare.

Si creas las condiciones para el amor, este aparece. Ahora, ¿cuáles son las condiciones suficientes?

Desde luego, si no tienes lo que quieres, quedarte sin hacer nada, o quedarte quejándote de tu suerte, haciendo lo mismo de siempre, no es la solución.

Necesitas crear oportunidades.

Sé que el enemigo principal del amor es contable

Sí, contable de los de manguitos y visera. Contable casposo, repeinado y justiciero del balance de sumas y restas.

El amor es generosidad. Cada vez que te pones a hacer el balance de los amores dados y recibidos, alguien pierde. El amor no sabe de cuentas.

Por otro lado no es fácil medirlo, así que para qué desgastarnos en ello. Ni todos queremos igual, ni lo manifestamos de la misma manera, ni somos igual de expresivos. Tampoco la intensidad con la que queremos es perceptible de forma objetiva. Así que, cuando te pones a sacar cuentas, empiezas a sumar peras con manzanas, gestos con intenciones, palabras con sentimientos y la suma nunca da.

Mi consejo: No hagas la contabilidad de quién quiere más.

No seas egoistona en los afectos. ¡Quiere! ¡Ama!

Dicen que gana más quien más quiere. Intuyo que es verdad.

Sé que casi nunca el amor es incondicional

Quitando el caso de los hijos, al menos mientras son pequeños, yo no he conocido amor incondicional. Fíjate que hasta a los padres se les exige que sean buenos padres para quererlos. Conozco personas que, atravesando un largo camino de dolor, desencuentros, decepciones y expectativas rotas, dejan de querer a sus padres. Supongo que esa ruptura siempre deja heridas que tardan en cicatrizar y nunca desaparecen.

Cuando alguien te diga que te quiere sin condiciones, miente. Quizás no lo sepa, pero no es verdad. Nadie quiere sin condiciones. Otra cosa es que quiera quererte mucho, que quiera quererte siempre. Pero no sin condiciones. Si no lo cuidas, ese amor también se va.

Sé que el amor se confunde

Sí. Confundimos el amor con la dependencia. Confundimos el amor con la necesidad. Confundimos el amor con el miedo a estar solos.

Confundimos el amor con la propiedad. Confundimos el amor con el deseo. Confundimos el amor con la rutina. El sexo con el amor.

Sé que hay amores cobardes y amores valientes.

Sé que nos enamoramos a veces de la persona equivocada. Que no siempre nos enamoramos de quien nos conviene. Que, por frivolidad, nos perdemos gente maravillosa. Nos enamoramos de una idea, de una fantasía que hemos creado en nuestra mente a partir de pequeños retazos de realidad.

Sé que tendemos a idealizar los amores perdidos. En el colmo del sin sentido, nos hacemos daño comparando lo que no fue pero pudo haber sido, con lo que realmente fue.

También sé que muy poca gente sana se muere de amor. Que a la pérdida de un amor le sigue otro, aunque no le sustituya. Que seríamos capaces de querer a muchas personas si nos diésemos el tiempo y las condiciones para que ocurriese.

Probablemente es cierto que uno es del lugar donde le quieren. Y en sentido contrario, no somos del lugar donde no nos aman. Por eso dejamos de ser parte de una pareja que ha dejado de querernos.

Por último sé que no siempre el amor es para siempre

Nuestra familia más próxima es más bien de relaciones y amores largos. Entre mis abuelos, mis tíos, mis primos y hermanos no ha habido un solo caso de separación, ni divorcio. Y mira que somos una familia larga. Qué raro, ¿no? Tú, ¿a qué crees que se debe? ¿Elegimos muy bien o somos muy adaptables? ¿O será que aguantamos carros y carretas y nos da miedo romper la relación? ¿Somos muy inteligentes emocionalmente o sencillamente estamos teniendo suerte? ¿La realidad no nos ha enfrentado a un conflicto suficientemente agrio o no hemos dejado que los conflictos lleguen a un lugar de no retorno? ¿Somos poco rencorosos o somos cobardes?

No te creas que la respuesta es tan clara. Probablemente, en algún momento dejará de ser así. Si hay que elegir, creo que es mejor una feliz separación que una pareja infeliz.

En nuestra familia hemos tenido la fortuna de disfrutar de magníficos referentes de amor. Para mí y mis hermanos, mis padres han sido un ejemplo de incondicionalidad y de amor inteligente. Entre ellos y con nosotros. Esta semana celebran sus 50 años de matrimonio.

La vocación de servicio y el amor cotidiano y continuado durante toda una vida de mamá es conmovedor. Como lo es la preocupación de mi padre por nosotros a pesar de los años. Nos sigue aconsejando, escuchando y meditando nuestras decisiones para ayudarnos a acertar.

Me gusta despedirme de ellos reafirmando mi amor. Bien sea por teléfono o en persona. Un simple "te quiero" antes de colgar o de subirme al coche. No como una rutina. No como un "hasta luego", sino como manifestación consciente de un sentimiento cierto que quiero compartir con ellos.

En casa nos decimos mucho "te quiero". Se lo decimos a los niños, nos lo decimos Irene y yo. El "te quiero" que nos regalan los niños antes de acostarse es un tesoro. Iria, con 17 meses, ya trata de repetir lo que escucha. Su hermana Alba le dice "*I love you*" y ella repite algo como "*yoyú*". Irene tiene mucha culpa de la expresión del amor en mi casa. Siempre se sintió más segura que yo en ese terreno de la manifestación de los sentimientos. Yo he ido aprendiendo a su lado.

Mi compañera Marta, de INFOVA, me dice, entre bromas y veras, que mi relación con Irene, con cinco años de novios y veinte de casados, está *de modé*. Que eso ya no se lleva por el mundo.

Por otro lado, mis amigos de ambos sexos separados preferirían tener una pareja con la que se llevaran bien. También estoy convencido que hay conflictos de pareja que no se resuelven hasta que termina la relación.

Boris Cyrulnik, neuropsiquiatra experto en resiliencia y un científico brillante, afirma que "probablemente algún día las mejores condiciones de existencia que brindan la tecnología y los derechos del hombre hagan que la pareja y la familia sean innecesarias". Y continúa más adelante: "Cuando se tiene menos necesidad de la familia, los niños bien desarrollados sienten el propio hogar como un lugar de represión y no ya de protección. Pierden así el efecto tranquilizador del apego y, a pesar de que se desempeñan mejor en muchos aspectos, se vuelven vulnerables ante el menor acontecimiento"(33).

Cyrulnik no manifiesta su deseo de que la familia sea prescindible(34). Sencillamente dice que en el futuro puede llegar a serlo. Quizá en términos de la seguridad necesaria por el individuo, tenga razón. No veo cómo vamos a sustituir la familia como centro afectivo y de soporte emocional.

Termino Marta, porque este Mapa puede ser tan extenso como queramos. Recuerda que el amor da sentido a nuestra vida y tú eres digna de elegirlo y vivir con él.

Un beso de tu padrino.
Con todo mi amor.

---

33 Boris Cyrulnik. *De cuerpo y alma.* Ediciones Gedisa.

34 Boris Cyrulnik perdió a sus padres en la segunda guerra mundial. Se educó en casas de acogida y por la Beneficencia.

Pd. Mi hijo Alejandro tiene muchas cualidades que admiro. Es un niño inteligente, además de tener una envidiable tenacidad rayana en la tozudez. Jugando con su madre le decía de pequeño: “Yo soy un hombre”; y como le parecía una afirmación un poco desmesurada para sus pocos años, añadía el sufijo diminutivo “cito”. Lo hacía en dos partes de una forma muy divertida, separando el sustantivo y el sufijo por unos segundos. Soy un “hombre – cito”.

En esa edad, tendría seis años, me decía con preocupación en el museo de La Coruña, *La casa del hombre*, donde está prohibido no tocar, viendo la explicación del funcionamiento del sistema circulatorio, que él era “débil de corazón”. Recuerdo la frase porque me dejó epatado la reflexión. Con sus palabras nos explicaba a continuación que creía que su tendencia a sentir el malestar del otro, su facilidad para entender el dolor de sus amigos o compañeros de clase, era una debilidad. Que eso lo hacía más frágil, más vulnerable a la agresión de otros. Que sus amigos le decían que al final hacía lo que otros querían por pena y que era un blando. No quisiéramos Irene y yo que Alejandro se endureciera. Nos recordó que la sociedad nos anima desde pequeños a hacernos unos chicos y chicas duros. La sensibilidad como debilidad. ¿Qué te parece?

En mi opinión, la sensibilidad ante la situación del otro es evolutiva para el hombre. Mientras no se extienda entre la raza humana no seremos capaces de amar lo suficiente y dar el siguiente paso como especie. Como tú, Alejandro me parece una versión evolucionada y mejorada de sus padres. Un hombrecito valiente y sensible. Un proyecto de hombre maravilloso que tendrá que tener cuidado de que la sociedad no lo moldee mucho y lo estropee.

Nombre: Fecha:

A día de hoy, mis aportaciones cartográficas al Mapa del amor son las siguientes:

12.

Mapa de la felicidad

Hola Marta,

De nuevo aquí, delante del ordenador con la intención de completar los Mapas del Mundo para ti. Un Mapa que me imagino te va a interesar más que otros es el Mapa de la felicidad.

En el tiempo que llevas trabajando ya has tenido tiempo para conocer a personas muy felices con su trabajo y a otras profundamente asqueadas, tristes, grises y apagadas. Te preguntas de qué depende el nivel de motivación de una persona. Quisieras saber cuál es la fórmula para no perder el entusiasmo y la capacidad de disfrutar lo que haces.

Déjame que te cuente una anécdota fuera del mundo del trabajo. Hace unos años, Lisi entró en nuestro dormitorio poco antes de irse a dormir. Le gusta tumbarse en nuestra cama, que para ella es inmensa, y jugar entre nosotros. Lo mismo te acaricia el pelo, que te come a besos, o te provoca para que le hagas cosquillas. Otras veces te hace preguntas que le rondan por la cabeza y a las que no ha encontrado respuestas convincentes para sus nueve años.

Recuerdo el día que, con tres años, me preguntó para qué hizo Dios los piojos. No entendía para qué Dios inventó algo tan incómodo que le obligaba a darse colonias y champús que le irritaban la cabeza y olían fatal. Se me ocurrió contestarle, de manera desafortunada, que los hizo para molestarnos. Mi respuesta era un intento de juego que en el fondo reflejaba mi indignación con el tema, pero a Lisi le impresionó esa respuesta y durante el siguiente día me preguntó, al menos tres veces, en distintas situaciones, por qué Dios quiere molestarnos. Si no entendía para qué hizo los piojos, menos entendía que quisiera molestarnos, lo que obviamente me obligó a desdecirme y dar una explicación mucho más compleja que ahora no viene a cuento.

Pero me estoy desviando del tema.

Una semana después de lo de los piojos, de rodillas sobre mi tripa, nos preguntó qué día nació. Su madre le respondió que el 3 de octubre. Para nuestra sorpresa, Lisi se llevó las dos manos a la cara enmarcando su boca abierta en gesto de sorpresa y fascinada con la noticia exclamó: ¡Que suerte, nací el día de mi cumpleaños! Irene y yo nos tronchábamos de risa ante su respuesta. Lisi es una niña tan afortunada que había nacido el día de su cumpleaños. Es fantástico ver cómo, cambiando el punto de referencia, alguien puede disfrutar tanto con tan poco.

Qué maravilla. Como me gusta ver a alguien que conserva esa capacidad de asombro, de disfrute, de entusiasmo. Esa facilidad para ser feliz con cada detalle de la vida.

Felicidad. ¡Tremenda palabra!, ¿verdad?

Al dibujar este Mapa me intrigan muchos aspectos:

¿Qué es ser feliz? ¿Por qué hay personas más felices que otras? ¿Cómo se experimenta la felicidad? ¿Cómo afecta a nuestra vida cotidiana? ¿Qué dispara esa percepción subjetiva de bienestar? ¿Es posible desempeñarse en un trabajo que no nos gusta y ser feliz? ¿Puedo dar felicidad a otros aunque yo no sepa ser feliz? ¿Es más deseable la felicidad que la serenidad? ¿Se puede experimentar la felicidad con independencia de lo que nos sucede? ¿Venimos genéticamente dotados para la felicidad o para la tristeza? ¿Es la felicidad compatible con actitudes como la queja, el miedo, o el sentimiento de obligación?

El interés del ser humano por la felicidad es muy antiguo. Ya Aristóteles, hace dos mil trescientos años, opinaba que la felicidad es el "fin y blanco de las humanas cosas"[35].

---

35 Aristóteles. *Ética a Nicómaco*. Ediciones Orbis. Volumen II. 1984.

Parece que si consigues la felicidad, todo lo demás es secundario. Y si no la consigues, todo lo demás no tiene sentido[36]. No es fácil explicar por qué hay gente más feliz que otra. Algunas de las mejores cabezas de los últimos años han intentado darnos las claves de la felicidad a través de distintos libros. Mi sensación es que el acceso a esa información no provoca grandes cambios en las vidas de las personas.

Por alguna razón, hay gente que sabe ser feliz y personas que no saben. Hay seres humanos que se permiten la felicidad y otros que no se consideran dignos de ella. También hay personas que viven situaciones tan duras que la felicidad no tiene el menor espacio.

Marta, es probable que la vida nos golpee duro en más de un momento. No siempre vamos a sentirnos dichosos. Aun así, me gusta pensar que tenemos los recursos internos para levantarnos y recuperarnos. No me asusta que experimentes la infelicidad, me preocupa que te quedes a vivir en ella.

Los expertos en felicidad, ahora hay expertos en felicidad como Martín Seligman[37], han investigado las razones por las que hay personas más felices que otras. Después de años de observación y análisis, nos ofrecen información bastante clara. Una buena noticia es que nuestra capacidad para ser feliz no está determinada ni por nuestra herencia genética ni por las circunstancias en que nos encontramos.

Es más bien la voluntad de ser feliz lo que establece la diferencia. La voluntad puesta en movimiento, convertida en acción concreta.

Aristóteles, que entendía la felicidad como la práctica de la virtud, decía que esta no es un hábito sino un "ejercicio que por sí mismo se escoge". Entiendo que se refiere a que no se elije la felicidad para alcanzar otro objetivo, sino que es el objetivo en sí mismo. ¿No es fascinante que, de alguna manera, veintitrés siglos más tarde estemos llegando a las mismas conclusiones?

---

36 Te invito a pensar sobre esta afirmación de Erich Fromm, citada por José Antonio Marina en *Ética para náufragos*: "La felicidad es indicadora de que el hombre ha encontrado la respuesta al problema de la existencia humana: la realización creadora de sus potencialidades".

37 Martín Seligman. *La auténtica felicidad.* Ediciones B. 2005.

Las personas más felices quieren experimentar la felicidad y hacen cosas concretas para crear las circunstancias propicias. Es verdad que todos queremos ser felices, pero no todas las personas son coherentes con ese deseo. Hay quien es más inteligente en ese sentido.

Parece que, quitando los casos extremos, la genética de un individuo marca tendencias de comportamiento, pero no determina ni cómo actúa ni cómo se siente ante lo que le acontece. Tampoco las circunstancias determinan el comportamiento ni el sentimiento de un ser humano. De hecho, habrás observado que, ante las mismas circunstancias, distintas personas reaccionan de maneras diferentes.

La felicidad es una respuesta, una percepción subjetiva. Lo central de estos planteamientos es entender que la carga genética y las circunstancias ciertamente influyen en la respuesta de las personas, pero solo la elección y la voluntad del individuo la determinan. Es el poder de elegir del ser humano lo que le hace único.

Te preguntarás porque hay tantas personas infelices si tienen el poder de elegir su respuesta. Lo lógico sería que todos eligiéramos ser felices. De momento he llegado a dos conclusiones: la primera es que no todo el mundo quiere hacer el esfuerzo de elegir. Es más fácil dejarse llevar por los acontecimientos, reaccionar emocionalmente ante lo que nos ocurre. La respuesta reactiva es más cómoda. Dejarse ir exige menos energía.

La segunda conclusión es que para poder elegir hay que recordar que tienes el poder de hacerlo. Muchas personas nos olvidamos de que tenemos esa capacidad y nos sentimos impotentes ante acontecimientos que doblegan nuestro ánimo. Por otro lado, si tenemos el poder de elegir nuestro nivel de felicidad, de alguna manera somos responsables de él. Muchas personas, de una forma consciente o inconsciente, no están dispuestas a asumir esta responsabilidad sobre su propia felicidad.

Así que ya ves. Comodidad e inconsciencia.

Marta, aquí te ofrezco once descubrimientos sobre el territorio de la felicidad y la motivación:

Descanso y felicidad

En mi Mapa de la felicidad hay aspectos higiénicos que afectan radicalmente a la capacidad de disfrutar lo que hacemos. El cansancio ocupa un lugar principal. Es muy difícil disfrutar la vida estando permanentemente cansados. Según nuestros estudios sobre comportamiento directivo, más del cuarenta por ciento de los entrevistados no se recuperan del cansancio de un día para otro[(38)]. Los exigentes estilos de vida de muchas personas son incompatibles energéticamente con el entusiasmo, la motivación y el disfrute. El cansancio liga mejor con la tristeza y la depresión que con el entusiasmo, la serenidad y la felicidad.

En la mayoría de los casos, podemos elegir nuestro nivel de descanso. Tomamos muchas decisiones cotidianas en las que no solemos priorizar este tema como algo central en nuestra vida. Muchas veces no cuidamos lo que descansamos, como no cuidamos lo que comemos, o el ejercicio que hacemos.

Proyectarse hacia el futuro

Otro elemento que influye en nuestra sensación de bienestar son las predicciones que hacemos sobre nuestro futuro próximo. Estudios realizados por Gallup en todo el mundo indican que la felicidad depende más de las expectativas que albergamos sobre nuestro futuro, que de la realidad en la que vivimos. Gallup realizó una investigación para determinar los países más felices de la Tierra. Para sorpresas de muchos, los países en vías de desarrollo manifestaban niveles de felicidad superiores a la media. Mientras, los países más desarrollados y abundantes daban los niveles más bajos de felicidad. Francia aparecía en el último lugar en el ranking de la felicidad. Muy cerca de los galos están los ingleses, los españoles y los italianos.

Un reputado sociólogo indio llegó a afirmar que se imaginaba a Francia como un gato orondo y bien comido, tumbado al lado del brasero y que ni así

38 Iñaki de Miguel y Gonzalo Martínez de Miguel *El modo de pensar de los directivos*. INFOVA Ediciones. 2010.

es feliz. Lo que le llevaba a afirmar que pasar un poco de hambre era esencial para ser feliz.

Cómo nos proyectamos hacía adelante, cómo suponemos que nos va a ir la vida en los próximos años, influye en nuestra percepción de bienestar. Tener ilusiones, deseos y proyectos alegra la vida. Lo deben pasar mal las personas que se jubilan y no son capaces de encontrar ningún proyecto vital.

Cuidar tu "estado base"

Por otro lado, Marta, te merece la pena cuidar tu "estado base". Tu estado de ánimo esencial. Sin duda, tu motivación, tu entusiasmo y tu percepción de bienestar van a cambiar hacía arriba y hacia abajo a lo largo de los días. Incluso de las horas. Los estados de ánimo viajan. Lo crucial es elegir dónde esa motivación tiene fijada la base a la que vuelve una vez que el movimiento emocional o anímico ha cesado. Afirma Punset que la felicidad no es más que una emoción y, por tanto, un estado transitorio[39].

Los dos conocemos a personas permanentemente enfadadas. Su mal humor y su queja continua resultan insoportables para ellos y para su entorno. Si tienes gente así a tu alrededor, y te las iras encontrando en distintos quehaceres, recuerda que tienes derecho a elegir con quién viajas en la vida. No te compensa vivir al lado de una persona que, pudiendo elegir otro lugar, se ha instalado en la queja y la insatisfacción.

Una variante de este perfil insoportable es el perfeccionista. Personas para las que nunca nada está suficientemente bien. Una cosa es ser exigente y otra perfeccionista. Los perfeccionistas están poco dotados para la felicidad.

La capacidad de disfrutar la vida está en la mirada de cada uno de nosotros. Disfrutar no es conformarse, es apreciar. Disfrutar es darle valor a lo que tenemos. Enfocarnos en lo que nos falta ignorando lo que tenemos es tan natural como inefectivo.

39 Eduardo Punset. *El alma está en el cerebro*. Editorial Aguilar. 2006.

Felicidad, inteligencia y eficacia

La capacidad de ser feliz me parece un signo evidente de inteligencia vital. Se ha afirmado que no se puede ser muy inteligente y ser feliz. Creo que se refieren a que cuando te haces preguntas esenciales, como el sentido de las cosas, y observas las tragedias cotidianas que afectan a la humanidad, nada tiene sentido. La injusticia, al abuso, el sufrimiento y el desamparo en todas las esquinas del planeta gritan tan fuerte que una persona inteligente no puede dejar de verlo.

El optimismo inteligente no obvia la realidad. No deja de observar la parte sucia y oscura, pero tampoco deja de valorar lo que está bien y sus posibilidades, las del individuo, para mejorar la situación. Los optimistas inteligentes creen que pueden cambiar las cosas. Y que ellos y ellas son agentes de cambio.

Esa creencia provoca acción. El movimiento es antidepresivo.

Oirás decir también que un optimista es un pesimista mal informado. Es imposible vivir en este país sin oír esa frase alguna vez. La frase es graciosa, pero es mentira. Lo que diferencia a los optimistas de los pesimistas no es la cantidad de información. Es cómo manejan el miedo y metabolizan los datos. Para muchas personas, el optimismo es una actitud "naif" ante la vida. Los agoreros pesimistas pretenden que tienen más información. Lo que tienen muchas veces es menos confianza en el ser humano.

La realidad es que los optimistas rinden más, son mejores profesionales, conservan niveles más altos de energía, entusiasmo y motivación.

Educar la capacidad de disfrutar

Creo que la capacidad de disfrutar y ser feliz se puede educar. Podemos elegir en qué detenemos la mirada y valorar lo que hay en lugar de recrearnos en lo que falta. Podemos cuidar nuestro diálogo interno, cuidar lo que afirmamos dentro y fuera de nosotros. Podemos entrenarnos en aceptar la realidad sin conformarnos, pero sin pretender que las cosas sean de otra manera.

Si quieres ser más feliz, deja de quejarte. Parar la queja es esencial para poder experimentar bienestar. Cada vez que te quejas, una parte de ti te escucha. Es disonante una actitud de queja permanente con la experiencia de la satisfacción y la felicidad. Nadie dice: "¡Cuanto me quejo, qué bien estoy!".

En la vida hay de todo, bueno y malo, golpes de suerte y desgracias, éxitos y fracasos, pérdidas y novedades gozosas, cambios y estabilidad, luces y sombras. La felicidad no puede depender de lo que nos ocurre.

En una vida siempre aparecen contratiempos, frustraciones y fracasos. Afirma José Antonio Marina que, independientemente de la naturaleza del hecho que la provoca, la pena invade el alma entera. Nos recuerda que no es necesario sufrir grandes pérdidas para extraviar el hilo de la felicidad. En nuestra rápida adaptación hedonista, nos acostumbramos fácilmente a cualquier ganancia en nuestra calidad de vida. En poco tiempo dejamos de valorar esa mejora, mientras que una pérdida objetivamente sin mayor importancia nos puede tumbar.

Sentido de continuidad vital

Marta, si cultivas un sentido de flujo vital, de continuidad, todo lo que ocurre en tu vida forma una parte valiosa de ella. Muchas personas me cuentan que su vida empieza el viertes por la tarde cuando dejan la oficina para comenzar su fin de semana. Los madrugones, el atasco, la relación con el jefe, los proyectos, las comidas con compañeros, los deberes de los niños, hacer la cena,... Todo eso no es vivir para estas personas. El resultado es que sienten que tienen que hacer un buen número de cosas que no desean a cambio de vivir un par de días a la semana. Como consecuencia de esta visión, la exigencia sobre los días del fin de semana y las vacaciones es tan alta que rara vez están a la altura deseada. Esto conlleva más frustración e infelicidad.

Te animo a que veas tu vida entera como lo que es: una aventura apasionante y disfrutable, independientemente del nivel de bienestar que te propone. Puedes encontrar satisfacción en el proceso de resolver un problema, del mismo modo que disfrutas del éxito.

Me gusta recordar con frecuencia que cada cosa que hago, incluso las menos agradables, son una parte de mi vida que quiero disfrutar. Una larga espera para coger un autobús. Una comida poco interesante con un compañero. Una madrugada preparando un proyecto. Una mala noche de los niños. Una tarde aburrida en casa. Un rato de tele en el sofá. Una crisis en la empresa. Todo. Todo es parte de mi vida.

Aceptar la realidad y mantenerse presente en ella

La felicidad necesita que aceptes quién eres. Se trata de aceptar que somos las personas que somos sin olvidarnos de que estamos aprendiendo y creciendo y, por tanto, cambiando.

También te animo a aceptar que la realidad es la que es, en este momento, sin que eso signifique resignarte a que sigan siendo así. Si quieres cambiar las cosas, hazlo desde una base de realidad. Pretender que la realidad es de otra manera es una forma de engañarse.

Una clave para disfrutar el presente es aceptar las decisiones que tomamos en el pasado sin juzgarlas ni juzgarnos con la información y la experiencia que tenemos ahora. Frecuentemente, cuando el tiempo nos demuestra que la decisión que tomamos no era la mejor, nos podemos sentir culpables, avergonzados o estúpidos. Nos olvidamos de que tomamos la decisión que creímos más acertada en las condiciones y con la información que teníamos en ese momento.

Aceptar la realidad también es aceptar que, como yo, las personas, incluso las que quiero, no son perfectas ni actúan como yo quiero que lo hagan.

No tengo dudas de que para ganar en serenidad y en felicidad son imprescindibles el perdón y la aceptación. Ambas cosas se pueden aprender y se pueden manejar.

El tiempo verbal de la felicidad es el presente. Vive la realidad y mantente presente en ella. Aquí y ahora. La felicidad solo la puedes experimentar en presente. Ni en pasado, ni en futuro. Necesitas vivir el ahora. Las personas más felices que conozco tienen su energía puesta en lo que es real en cada momento. En ese atardecer, en esa conversación que está siendo, en ese momento de descanso o de trabajo intenso que está ocurriendo.

Escucharte

Escucha la información que viene de ti. Cuando hablamos de modelos de comunicación, lo llamamos "*feedback* interno".

La información que viene de ti es muy valiosa para la percepción de la felicidad. En el fondo, somos un gran maestro para nosotros mismos, pero no nos escuchamos mucho.

Aprende a reconocer tus emociones. Diferencia lo que realmente te gusta de lo que no para poder elegir con criterio. Reconoce las razones dentro de ti por las que haces las cosas. Ni todo te gusta, ni todo está bien, ni todo te apetece. Escúchate, se honesta contigo y actúa.

En esa búsqueda de la honestidad interna, si te sientes feliz, no te avergüences ni pidas disculpas. En muchos entornos, estar contento parece un síntoma de bobería o conformismo tonto. Para muchos, estar abrumado parece más maduro y más profesional. No te dejes convencer.

Pedir lo que quieres

Marta, según mi experiencia en nuestro mundo abundante y autosuficiente, dentro de los equipos y círculos de confianza como la familia o los amigos, hay frecuentemente más gente dispuesta a dar lo que le piden, si se lo piden adecuadamente, que gente dispuesta a pedir lo que necesita.

Esta afirmación, contrastada con cientos de profesionales, es sin duda cierta en el ámbito de las empresas y de las organizaciones. Pero creo firmemente que es también cierta en cualquier otro ámbito de la vida.

Si quieres algo, pídelo. Si quieres un abrazo, pídelo. Si quieres que te cuiden, pídelo. Si quieres que te apoyen en un proyecto, pídelo. Si quieres que te den una oportunidad o que deleguen en ti una función, pídelo. Si quieres estar sola, pídelo. Si quieres otro tipo de comportamiento en tu pareja, no le tengas adivinando lo que tú quieres, sé clara, pídelo.

El mundo, la empresa, la familia, los países... son sistemas interdependientes donde todos dependen de todos de alguna manera. El mundo, como la vida, lo mueven los procesos de intercambio. Ofrecer y pedir. Dar y recibir.

Tratar de tener una vida significativa

Los especialistas han concluido que muchas de las depresiones se producen por un sentido de vacuidad, de vacío vital. La vida sin sentido, sin un propósito, es el camino más directo hacia la infelicidad, hacia la depresión.

No pretendo ser un experto en la depresión, pero me parece una obviedad que la sensación de vacío vital, la sensación de "mi vida no tienen ningún propósito, ningún sentido", es una sensación depresiva.

Darle un sentido a la vida consiste en darle una dirección. Dirigir tu vida es exactamente eso. Es caminar hacia un lugar concreto.

Ese sentido puede ser muy diverso. Incluso el sentido que le des puede ser la suma de varios sentidos en varias áreas de tu vida. En la personal, en la familiar, en la profesional. El ser humano necesita sentir que está aquí para algo, aunque solo sea para ser parte de la solución a un mundo complejo.

Fíjate que los seres humanos tendemos a ser rácanos en el tiempo y la energía que le dedicamos a definir cuál es ese sentido vital. Quizás, ante el temor de no encontrar una respuesta, preferimos no hacernos la pregunta.

No te rindas, pregúntatelo. Comienza la búsqueda.

El sentido de los problemas y las dificultades

Marta, cómo manejamos los cambios y los problemas tiene mucho que ver con el sentido que le damos a nuestra vida.

Si, como decíamos antes, nuestro propósito vital consiste en ser felices, sentimos que los problemas y las dificultades nos alejan de nuestro objetivo. Nos aleja de la felicidad.

Una cosa que sabemos de los cambios es que normalmente traen problemas y dificultades. Hay pocos cambios sin dificultades. Por tanto, la creencia que mantenemos muchas veces es que los cambios nos apartan de nuestro objetivo. Por eso muchas personas se resisten a los cambios con tanta energía.

He confirmado con muchas personas que el objetivo vital de muchos de nosotros también es crecer, completarnos como seres humanos, vivir experiencias nuevas, dejar un legado, contribuir a hacer un mundo más digno.

¿Qué dirías? ¿Te parece que podrías afirmar que lo que da sentido a tu vida es algo más que simplemente ser feliz?

Si tu objetivo vital tiene que ver con crecer, aprender, completarte y vivir experiencias nuevas, los cambios, los problemas y las dificultades te dan la oportunidad perfecta para cumplir tu propósito.

No es que busques las dificultades, es que, si aparecen, las aproveches para seguir creciendo y aprendiendo. Recordar que los problemas, lejos de hacernos infelices, nos dan la oportunidad de seguir avanzando. Viktor Frankl llega a afirmar que "el sufrimiento deja de ser sufrimiento, en cierto modo, cuando encuentra un sentido"[(40)]. Te aseguro que después de pasar por cuatro campos de concentración nazis, sabe de lo que habla.

En una ocasión me contaron que los chinos cuando se despiden de un ser querido, en lugar de desearle suerte, salud o que se cuide, como hacemos en Occidente, le desean "que viva momentos interesantes". Desean que su vida sea interesante, que tenga de todo, que valga la pena vivirla.

---

40 Viktor Frankl. *El hombre en busca de sentido*. Editorial. Herder. 1979.

En fin, Marta, como todos los demás Mapas, no te creas simplemente lo que te cuento, pruébalo y mira si para ti funciona.

Ojalá que aprendas a crear muchos momentos felices. Ojalá que elijas la felicidad como parte de tu camino.

Te quiero.
Tu padrino.

Nota: Si el tema de la felicidad para ti es un tema importante, te recomiendo que leas *El camino de la felicidad*, de Jorge Bucay. Puedes leer también *La auténtica felicidad*, de Martín Seligman y *El viaje a la felicidad*, de Eduardo Punset. Curiosamente, desde que escribí este Mapa hasta ahora se han publicado multitud de libros sobre la felicidad. Se ve que entre la opulencia y el exceso de la última década y la crisis de los últimos años, las personas andamos preocupados por averiguar cómo podemos ser auténticamente felices.

Nombre: Fecha:

A día de hoy, mis aportaciones cartográficas
al Mapa de la felicidad son las siguientes:

Para terminar, de momento

Querida Marta,

Termino de momento esta reflexión. Antes de despedirme del todo te ofrezco una última nota cartográfica y te hago una invitación postrera, que es casi una petición.

¡Dale un sentido a tu vida! ¡Dale dirección!

Lidera tu vida conscientemente desde la esencia de quién eres: una mujer maravillosa abierta al mundo, indiferente ante nada, dichosamente contaminada por él.

Procura que tu vida contribuya de alguna forma a hacer el mundo mejor, más digno. Vive con el deseo de aportar algo positivo a la sociedad de la que formas parte.

La mejor forma de contribuir es servir a otros. Hay mil maneras de servir.

Vivimos en un mundo difícil. Lleno de situaciones complejas. Procura que no te dé lo mismo una cosa que otra. Toma partido y procura ser parte de la solución al mundo que deseas vivir y dejar en herencia a las siguientes generaciones.

Involúcrate en actividades que valgan la pena. Sigue formándote, construye tu vida y desarrolla tu potencial para poder ofrecerlo y resultar útil. Crea posibilidades para ti.

¡Pon el corazón en todo lo que hagas! Siempre funciona.

En algún lugar leí que hay tres pecados capitales con la vida. El primero es no darle a la vida lo que uno tiene para darle. El segundo es darle lo que no tienes y el tercero es no tomarte la molestia de saber qué tienes y qué no para ofrecerle a la vida.

Sé que en muchas partes del mundo el simple hecho de vivir es ya un objetivo difícil de alcanzar. En general, no es así en nuestro mundo, en este momento histórico. Me preocupa que nos conformemos con llegar en paz al final de nuestro camino. Yo me quiero pedir más.

Observo en mi entorno a muchas personas que, acomodadas felizmente en el ir dejando pasar los días, están deseando jubilarse para pasear, dormir la siesta, hacer algún viaje, comer bien, tomarse un "gin tonic" a las ocho de la tarde y ver la tele o leer una hora antes de acostarse. Quizás eso sea la vida a una determinada edad a la que ni tú ni yo hemos llegado aún.

Está bien. De verdad que no lo juzgo. Vivir. Despacio. Dejando pasar los días. Disfrutando las cosas pequeñas. Saboreando un trago largo ante un atardecer sobre el mar, en compañía de un ser querido. Volver paseando a casa, sintiéndote en paz contigo. Repetirte la suerte que tienes de haber llegado al final de tu vida con la posibilidad de disfrutar de esos momentos y acostarte sabiendo que, si todo va bien, el día siguiente será afortunadamente parecido al anterior.

Aun así, creo que todos deberíamos poder contestar al final de nuestra vida a la pregunta de cuál fue nuestra aportación al mundo que vivimos.

Si tienes clara la respuesta, todo está bien. En otro caso, ¿para qué viniste? ¿Cuál fue el sentido de tu existencia?

Hay muchas formas de darle sentido a una vida. Educar niños para un mundo mejor. Un comportamiento ético, una actitud consciente ante la realidad. Tener voz para defender lo que es justo. Arriesgarse a perder para defender tu verdad. Hay muchas maneras.

Viktor Frankl[41], que le ha dedicado muchas horas de su vida a responder a la pregunta de qué da sentido a la vida, concluye que hay tres caminos para encontrar este sentido: primero cumpliendo un deber o creando un trabajo. Segundo en el amor. Tercero, dando lo mejor de nosotros mismos, cuando nos enfrentamos a un destino que no podemos cambiar.

No depende de a qué te dediques en tu vida, sino de cómo te desenvuelvas en ella. De cómo hagas las cosas. Parece claro que si trabajas en una ONG, salvando a miles de niños de una enfermedad letal o dedicándote a cuidar ancianos renunciando a un sueldo millonario, tu contribución a la sociedad será evidente e irreprochable. Luego descubres que hasta en las ONGs hay a veces una parte fea y sucia.

Aquí no se trata de lo que piensen los demás. Se trata de que tú tengas la conciencia clara de estar mejorando de alguna manera el mundo en el que vives.

En tu caso, has elegido la Arquitectura. ¡Perfecto! Contribuye desde ahí. Sé consciente de las implicaciones de tu trabajo para tus clientes y para la sociedad. No necesitas reinventar el concepto de Arquitectura. Puedes no consentir proyectos que deterioren el medio ambiente, tener una visión preventiva que anticipe posibles accidentes. Cuida las relaciones dentro de tu despacho de arquitectos. No vivas de espaldas a la sociedad a la que perteneces.

Si ganas mucho dinero, y que así sea si lo elijes, decide correctamente qué quieres hacer con él. No hay nada malo en ganar dinero. Como todo recurso, somos responsables del uso que hacemos del mismo. Aunque a ti te quede lejos, como yo lo vivo, ser empresario es una forma incuestionable de servicio. Me da muchas posibilidades de contribuir en mi zona de influencia.

Procura que te puedas sentir orgullosa de cómo ganas el dinero y de cómo lo usas. Cuentan que lo último que Bob Marley le dijo a su hijo antes de morir fue: "El dinero no puede comprar la vida".

Las personas que viven una vida con sentido tienden a hacer el esfuerzo por conocerse cada vez más. Tienen un compromiso de descubrimiento

41 Viktor Frankl. *El hombre en busca del sentido último*. Editorial Paidós. 1999.

personal, de querer entender quiénes son y cuál es su misión personal. El viaje de descubrimiento es apasionante. Si le dedicas el tiempo necesario, aprenderás a entenderte, a aceptarte y sabrás lo que te puedes pedir a ti misma. Desde ahí, la compresión del otro es más fácil.

En las últimas décadas se está produciendo una introducción de las filosofías orientales en Occidente. Ya es muy frecuente encontrar directivos que meditan todos los días, profesionales de todas las áreas que practican zen, yoga, taichí o chikung. Esa tendencia es buena. Todo lo que nos haga más conscientes y desactive el piloto automático en el que frecuentemente vivimos es bueno. La tradición occidental lo ha resuelto de otras maneras, a través de la oración y de la religión, fundamentalmente. Si prefieres ese camino, también está bien. En lo esencial no creo que haya mucha diferencia entre realizar un retiro en un monasterio católico o en un monasterio zen. Quizá la hay en el empeño que ponen en darte las respuestas o dejarte el espacio para que tú las encuentres.

Cuando sientas que es tu momento, experimenta. Conoce algunas de estas técnicas, prueba. Busca quién te pueda introducir en el mundo de la meditación sin confundirte. Son caminos para encontrarte.

A medida que cumplo años, me voy relacionando con personas de más edad. He descubierto que los años no te jubilan de la vida. Conozco cada vez a más personas mayores de una energía vital, un sentido del humor y una convicción en su propósito apabullante.

Mi padrino Alberto y la tía Marga han aprovechado su jubilación para terminar de contribuir de una manera significativa a la sociedad. Acompañan enfermos en los hospitales, meditan con los presos en la cárcel y gestionan ayudas para proyectos sociales en terceros países, entre otras cosas. Como ellos, existen un buen número de héroes anónimos, de gentes generosas y admirables que han entendido que servir a otros da sentido a sus vidas.

Tengo la convicción íntima de que tienen razón.

Marta, estas notas no agotan ninguno de los temas de los que hemos hablado. De cualquiera de ellos se podría hablar más, escribir más, reflexionar más. No agotan el debate. Estos mapas dibujan parte de mi *ecúmene*, de mi mundo conocido.

En otro momento podremos reflexionar juntos sobre otros muchos temas. El proceso de investigación está vivo.

Me reservo el derecho a cambiar de opinión, a descubrir que estaba manejando un Mapa del mundo equivocado y a perfeccionarlo.

Espero con anhelo tus descubrimientos. Me interesa tu mirada, que siempre será veinte años más joven que la mía, si no te empeñas en hacerla vieja antes de tiempo.

Deseo para ti que vivas muchos momentos interesantes. Que tu vida valga la pena, que tengas azúcar y sal. Ojalá que de todo lo que ocurra a tu alrededor aprendas algo. Que te completes como ser humano. Quisiera que rompas el espacio donde te sientes cómoda cuando esa comodidad te limite. Y deseo que todo eso te proporcione muchos momentos de felicidad.

Esta larga carta se terminó de escribir en la finca La Arena (Segovia) el veinticuatro de julio de 2011. Te lo entrego en El Lentisco (Málaga), ya en el verano. Entre medias ha sido tu cumpleaños. Veinticuatro años. De pronto me parece un bonito momento para recordar ese cuento de Richard Bach en el libro *Ilusiones*, que te regalé por tus dieciséis años, en el que un supuesto "Guía", que no quería serlo, le pregunta a la muchedumbre, que le aclamaba y le pedía consejo: "¿Qué harías si Dios viniera y os dijese "os obligo a ser felices"? ¿Qué haríais entonces?".

Marta, ser feliz no es una obligación, pero no hay nada inteligente en no serlo. Ahora te toca a ti cartografiar la realidad. Si así lo elijes, puedes mejorar los Mapas que te entrego y compartirlos con quien quieras.

Te quiero.
Tu padrino.

Agradecimientos

Este libro está dedicado a mis hijos Alba, Alejandro, Elisa e Iria. En realidad, está escrito para ellos. Espero que algún día lo lean y les dé información valiosa que complete la que ellos ya hayan encontrado. No sé si los valores, las creencias, los puntos de vista que se recogen en estas páginas estarán vigentes cuando ellos lleguen a la vida adulta. Sospecho que sí. Creo que lo han estado toda la vida. Me gustará que lo lean en su adolescencia y lo consulten cuando lo consideren oportuno.

Por supuesto, estos mapas están dedicados también a mi ahijada Marta y a mi ahijado José Enrique. Yo tenía 20 años cuando acepté ser padrino de Marta y he querido siempre hacer honor a ese compromiso. He tratado de seguir en mi relación con ella la estela de mi propio padrino, que hizo un acompañamiento excelente. La mayoría de edad de Marta provocó este escrito. Hoy es una arquitecta que empieza. Está haciendo un gran trabajo con su vida sin necesidad de mis consejos. Aun así, se los quiero ofrecer.

A mi mujer Irene, con quien llevo 25 años caminando. Además de una gran mujer, ha resultado una compañera y una madre excepcional. Las menciones en otros libros le parecen escuetas y poco reconocedoras a su persona, así que me voy a esmerar en este: "Querida Irene, eres una mujer maravillosa y ha sido un privilegio compartir mi vida contigo". Bromas aparte, la quiero con la vida. Gracias por este tiempo.

Quiero reconocer a mis dos referentes vitales por excelencia. Mis padres José Enrique y Elisa. Supongo que mi estructura de valores y creencias se la debo a ellos más de lo que yo mismo soy capaz de aceptar. A mi madre le gusta afirmar de ella y sus hermanas que "han tenido mucho talento educando niños". Es verdad. Mis hermanos y mis primos hemos sido enormemente afortunados.

En este ámbito familiar, quiero afirmar mi amor a mis hermanos, que han sido y son cómplices de mis aventuras. Cuando miro mi vida con perspectiva reconozco la estabilidad y la seguridad que me brinda su presencia. Sin ellos a mi lado, mi vida habría sido más difícil.

Mi agradecimiento de corazón a todos los profesionales de INFOVA. Los que están hoy y los que han formado parte del proyecto y ya lo han abandonado. Hemos creado un proyecto hermoso, un espacio donde crecer profesional y personalmente. Hacemos un trabajo lleno de sentido del que me siento especialmente orgulloso.

Tengo un aprecio especial a Manuel Villa, fundador y rector durante años de la Universidad Antonio de Nebrija. Ha sido el único jefe como tal que he tenido. Aprendí mucho trabajando bajo sus órdenes. La oportunidad que me dio de dirigir la escuela de postgrado de la Universidad siendo muy joven fue fundamental en mi carrera profesional.

A mis compañeros de estudios del colegio "El Prado", los de la facultad de derecho de "El CEU San Pablo" y los de la escuela de negocios "Madrid *Business School*". Con ellos he crecido y aprendido.

A Jose, Ana, Daniel y Maite, que junto con sus familias ocupan un lugar privilegiado en nuestros afectos. Al resto de peregrinos con los que hacemos el Camino de Santiago. Algún día lo terminaremos. Al ritmo que vamos, el bebé Iria, que hizo sus primeras etapas en carrito, llegará a Santiago dando pedales con el resto de los niños.

A Alejandro y a Olga, que son nuestros hermanos por elección. Mis hijos los llaman "tíos" con toda la intención.

Una mención especial para Iñaki. Excelente amigo, socio y editor. Su insistencia en publicar este libro ha sido esencial para que hoy vea la luz.

Junto con Iñaki quiero recordar en estos agradecimientos a Antonio del Olmo, Alejandro Bañares, María Carballo y Nano García. Con ellos he compartido cientos de buenos momentos. Son una parte importante de mi vida.

También mi agradecimiento a Amando de Miguel que, entre otros muchos apoyos, se tomó la molestia de leer, comentar y corregir el original. A Ana Ibáñez que corrige con inagotable paciencia todo lo que escribimos. A Gianluca Pettenon por la paciencia y el cariño con el que ha maquetado este libro más de ocho veces.

Este libro está dedicado a todas las personas que siguen aprendiendo y empezando cada día.